Cubierta:
Mezquita de Mértola, Mértola

Guías temáticas *Museum With No Frontiers (MWNF)*

EL ARTE ISLÁMICO EN EL MEDITERRÁNEO | PORTUGAL

Por tierras de la mora encantada
El arte islámico en Portugal

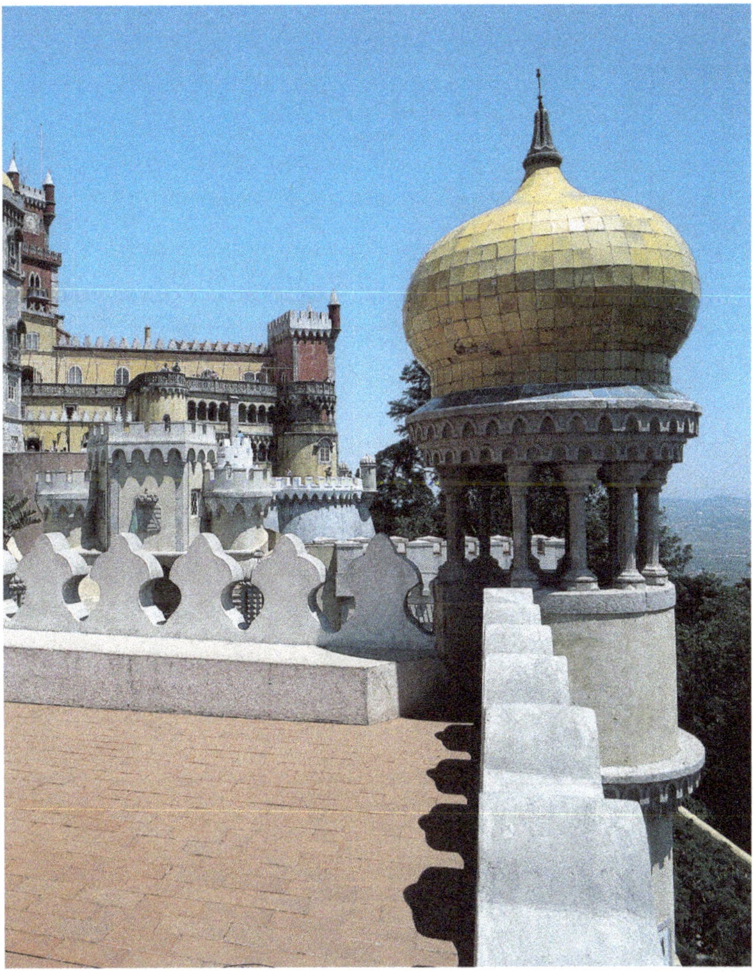

UNIÓN EUROPEA
Euromed Heritage

El Itinerario-Exposición Museum With No Frontiers
POR TIERRAS DE LA MORA ENCANTADA: El arte islámico en Portugal
forma parte del ciclo internacional *El Arte Islámico en el Mediterráneo*.
Su realización se ha llevado a cabo en el marco del proyecto "Una entrada al Mediterráneo", cofinanciado por la Unión Europea a través de la Acción Piloto de Cooperación España-Portugal-Marruecos, art. 10 FEDER.

MINISTERIO DE ECONOMÍA DE PORTUGAL

Secretaría de Estado para el Turismo

Realizada por el Programa de Fomento del Turismo Cultural, con el apoyo de la Dirección General de Turismo de Portugal y la cofinanciación del Instituto de Financiación y Apoyo al Turismo de Portugal.

Primera edición

© 2001 Programa de Incremento do Turismo Cultural, Lisboa, Portugal & Museum With No Frontiers (textos e ilustraciones)
© 2001 Electa (Grijalbo Mondadori, S.A.), Madrid, España & Museum With No Frontiers
© 2001 Electa (Grijalbo Mondadori, S. A.)

Segunda edición
eBook
© 2010 Turismo de Portugal & Museum Ohne Grenzen | Museum With No Frontiers (textos e ilustraciones)
© 2010 Museum With No Frontiers | Museum With No Frontiers

Libro de bolsillo
© 2019 Turismo de Portugal & Museum Ohne Grenzen | Museum With No Frontiers (textos e ilustraciones)
© 2019 Museum Ohne Grenzen | Museum With No Frontiers

ISBN: 978-3-902782-85-4 (eBook)
       978-3-902782-84-7 (libro de bolsillo)
Todos los derechos reservados.

Información: www.museumwnf.org

Museum Ohne Grenzen | Museum With No Frontiers (MWNF) hace todos los esfuerzos posibles por garantizar la exactitud de la información contenida en sus publicaciones. Sin embargo, MWNF no puede ser considerado responsable por posibles errores, omisiones o inexactitudes y declina toda responsabilidad en caso de accidente, de cualquier tipo, que pueda ocurrir durante las visitas propuestas.

Este libro se preparó entre 1998 y 2001. Toda la información práctica (como llegar, horarios, contactos, etc.) se refiere al momento de la preparación del libro y por lo tanto se recomienda comprobar los datos antes de programar una visita.

Las opiniones expresadas en esta obra no reflejan necesariamente las opiniones de la Unión Europea o de sus estados miembros.

Programa
Museum With No Frontiers
Idea y concepción general
Eva Schubert

Director del proyecto
Flávio Lopes, Lisbon

Comité científico
Cláudio Torres, Mértola
Santiago Macias, Mértola
Susana Gómez, Mértola

Catálogo

Introducciones
Cláudio Torres, Mértola
Santiago Macias, Mértola

Presentación de los recorridos
Comité científico

Así como los siguientes autores:
Artur Goulart de Melo Borges, Évora
Cristina Garcia, Lisboa
Fernando Branco Correia, Évora
Isabel Cristina F. Fernandes, Palmela
Maria Adelaide Miranda, Lisboa
Maria João Vieira, Serpa
Maria Regina Anacleto, Coimbra
Mário Pereira, Lisboa
Miguel Rego, Barrancos
Paula Noronha, Faro
Ruben de Carvalho, Lisboa

Textos técnicos
Maria José Machado Santos, Lisboa

Traducción
Miguel García López, Madrid

Revisión de textos
Rosalía Aller Maisonnave, Madrid

Fotógrafo
António Cunha, Beja

Mapa general y esquemas
José Russo, Lisboa

Introducción general
El Arte Islámico en el Mediterráneo

Texto
Jamila Binous, Túnez
Mahmoud Hawari, Jerusalén-Este
Manuela Marín, Madrid
Gönül Öney, Esmirna

Planos
Şakir Çakmak, Esmirna
Ertan Daş, Esmirna
Yekta Demiralp, Esmirna

Diseño y maquetación
Agustina Fernández,
Electa España, Madrid
Christian Eckart,
MWNF, Viena (2ª edición)

Coordinación local

Área de patrimonio cultural
Teresa Gamboa, Lisboa

Área jurídica
Isabel Menezes, Lisboa

Animación cultural y coordinación de actos
Elsa Peralta, Lisboa

Comprobación sobre el terreno
Miguel Valdemar, Mértola

Coordinación internacional

Coordinación general
Eva Schubert

Coordinación comités científicos, traducciones, revisión de textos y producción de catálogos (1ª edición)
Sakina Missoum, Madrid

Agradecimientos

El Programa de Incremento de Turismo Cultural (PICT) y Museum With No Frontiers expresan su agradecimiento a las siguientes entidades, que han hecho posible la realización de este proyecto:

Ayuntamientos de Alandroal, Albufeira, Alcácer do Sal, Alcoutim, Alenquer, Aljezur, Alter do Chão, Arganil, Barrancos, Beja, Castelo de Vide, Castro Marim, Coimbra, Crato, Elvas, Évora, Faro, Idanha-a-Nova, Lagoa, Lisboa, Loulé, Marvão, Mértola, Monchique, Moura, Óbidos, Oliveira do Hospital, Ourique, Palmela, Penacova, Sabugal, Santarém, Serpa, Sesimbra, Silves, Sintra, Tavira, Vila do Bispo, Vila Real de Santo António, Vila Viçosa; Comisión Municipal de Turismo de Sintra, Comisión Municipal de Turismo de Elvas, Confederación de Turismo, Dirección General de Edificios y Monumentos Nacionales, EBAHL (Equipamientos de los Barrios Históricos de Lisboa), ENATUR (Pousadas de Portugal, Fondo de Turismo), ICEP (Instituto de Comercio Exterior de Portugal), Instituto de Archivos Nacionales / Torre do Tombo, Instituto Portugués de las Artes y del Espectáculo, Instituto Portugués de Museos, Instituto Portugués del Patrimonio Arquitectónico, Región de Turismo del Algarve, Región de Turismo del Centro, Región de Turismo de Évora, Región de Turismo de la Planície Dourada, Región de Turismo de Ribatejo, Región de Turismo de São Mamede, Región de Turismo de Setúbal (Costa Azul), Turismo de Lisboa.

Los organizadores portugueses y Museum With No Frontiers agradecen también la colaboración técnica y científica de sus asociados en el proyecto "Una entrada al Mediterráneo":
Ministerio de Educación, Cultura y Deporte de España, Direcciones Generales de Bellas Artes y Bienes Culturales y de Cooperación y Comunicación Cultural.
Ministerio de Asuntos Culturales del Reino de Marruecos.
Ministerio de Turismo del Reino de Marruecos, Oficina Nacional Marroquí de Turismo.

Referencias fotográficas
Véase la página 5, así como:
Ann & Peter Jousiffe (Londres), página 20 (Ciudadela de Alepo).
Archivos Oronoz Fotógrafos (Madrid), página 23 (Alhambra, Granada).

Referencias de los planos
Ettinghaussen, R., y Grabar, O. (Madrid, I, 1987), página 26 (Mezquita de Damasco).
Sönmez, Z. (Ankara, 1995), página 27 (Mezquitas de Divriği y Estambul) y página 28 (Mezquita de Sivas).
Viguera, S. (Madrid), página 28 (tipología de alminares).
Blair, S. S., y Bloom, J. M. (Madrid, II, 1999), página 29 (Mezquita y Madrasa Sultán Hassan).
Ettinghaussen, R., y Grabar, O. (Madrid, I, 1987), página 30 (Qasr al-Jayr al-Charqi).
Kuran, A. (Estambul, 1986), página 31 (Jan Sultán Aksaray).

Palabras liminares

El Itinerario-Exposición POR TIERRAS DE LA MORA ENCANTADA: El arte islámico en Portugal es la primera producción del Programa de Incremento do Turismo Cultural, creado por el gobierno portugués en 1997 como parte de sus objetivos de aumentar la calidad de la oferta turística y mejorar la imagen de Portugal, con beneficios directos e indirectos para la economía nacional.

En esta verdadera "exposición", que se despliega por el centro y el sur del actual territorio portugués —el Garb al-Andalus de la época islámica—, se presentan al gran público los vestigios históricos y artísticos de casi cinco siglos de presencia musulmana, muchos de ellos poco conocidos incluso por la población local.

Este proyecto ha sido posible gracias al esfuerzo aunado de varias áreas de la Administración, en especial las de turismo y cultura, a la colaboración de los municipios de la exposición, y a la participación de innumerables entidades públicas y privadas. La motivación primordial de este programa es contribuir al desarrollo social, cultural y económico de las comunidades locales por medio de la valorización turística de sus bienes patrimoniales y ambientales.

El objetivo de abrir las puertas de nuestro patrimonio a un público internacional, cuya curiosidad por nuestro país va en aumento, está plenamente asegurado por las características de este Itinerario Exposición, una iniciativa que forma parte del programa El Arte Islámico en el Mediterráneo de Museo Sin Fronteras.

Flávio Lopes
Director
Programa de Incremento do Turismo Cultural (PITC)

Advertencias

Transcripción del árabe

Se han utilizado arabismos del castellano como "magreb", "alcazaba", "alminar", "zoco", etc., que han conservado el sentido de su lengua de procedencia. Para las demás palabras, hemos utilizado un sistema de transcripción simplificado, en el cual hemos optado por no transcribir la *hamza* inicial ni la '*ayn*, y por no diferenciar entre vocales breves y largas, que se transcriben por *a, i, u*. La *ta' marbuta* se transcribe por *a* (estado absoluto y seguida de un genitivo).

La transcripción de las veintiocho consonantes árabes se indica en el cuadro siguiente:

ء	'	ح	h	ز	z	ط	t	ق	q	ه	h
ب	b	خ	kh	س	s	ظ	z	ك	k	و	u/w
ت	t	د	d	ش	sh	ع	'	ل	l	ي	y/i
ث	th	ذ	dh	ص	s	غ	gh	م	m		
ج	j	ر	r	ض	d	ف	f	ن	n		

Las palabras que aparecen en cursiva, salvo las acompañadas por su traducción o explicación, se encuentran en el glosario.

La era musulmana

La era musulmana comienza con el éxodo del Profeta Muhammad de La Meca a Yathrib, que tomó entonces el nombre de *Madina,* "la Ciudad" por excelencia, la del Profeta. Acompañado de su pequeña comunidad (70 personas y miembros de su familia) recién convertida al Islam, el Profeta realizó *al-hiyra* (Hégira, literalmente "emigración") y se inició una nueva era.
La fecha de esta emigración está fijada al primer día del mes de *Muharram* del año 1 de la Hégira, que coincide con el 16 de julio del año 622 de la era cristiana. El año musulmán se compone de 12 meses lunares de 29 ó 30 días. Treinta años constituyen un ciclo en el cual el 2.°, 5.°, 7.° 10.°, 13.°, 16.°, 18.°, 21.°, 24.°, 26.° y 29.° años son bisiestos de 355 días; los demás son de 354 días. El año lunar musulmán es 10 u 11 días más corto que el año solar cristiano. Cada día empieza inmediatamente después del ocaso, en el crepúsculo, y no después de medianoche. La mayoría de los países musulmanes utilizan el calendario de la Hégira (que señala todas las fiestas religiosas) en paralelo con el calendario cristiano.

Las fechas

Las fechas aparecen primero según el calendario de la Hégira, seguidas de su equivalente en el calendario cristiano, tras una barra oblicua.
La fecha de la Hégira no figura cuando se trata de referencias procedentes de fuentes cristianas, de dinastías cristianas y de fechas posteriores a 1250, año que marca el final de la época musulmana en el occidente peninsular (*Garb al-Andalus*).
La correspondencia de los años de un calendario a otro solo puede ser exacta cuando se proporcionan el día y el mes. Para facilitar la lectura, hemos evitado los años intercalados y, cuando se trata de una fecha de la Hégira comprendida entre el final de un siglo de la era cristiana y el comienzo del siguiente, se mencionan ambos siglos.

Abreviaturas:
f. = finales; m. = mediados; p. = principios; p. m. = primera mitad; s. m. = segunda mitad.

Indicaciones prácticas

El Itinerario-Exposición *POR TIERRAS DE LA MORA ENCANTADA: El arte islámico en Portugal* se visita en diez recorridos que se desarrollan cada uno en un área geográfica específica, y tiene como finalidad la valorización del patrimonio cultural, ambiental e histórico de la región.

Los recorridos incluyen etapas principales y opcionales, "ventanas" que tratan temas complementarios (título sobre franja amarilla), paisajes elegidos por su particular interés y leyendas asociadas a los lugares seleccionados (en cursiva, sobre fondo gris).

Las etapas (señaladas con números arábigos) de cada recorrido (números romanos) están acompañadas por indicaciones técnicas (horarios, visitas guiadas, etc.) y sugerencias de las rutas más adecuadas para llegar a los monumentos (en cursiva).

Cada recorrido va acompañado de un esquema gráfico que permite visualizar el viaje en su conjunto y los desplazamientos a realizar. Las opciones (color gris) incluyen monumentos cuya visita requiere más tiempo del asignado, debido a las distancias geográficas o a la riqueza del recorrido principal.

Algunos monumentos no se pueden visitar a la fecha de redacción de este catálogo. Es conveniente informarse al respecto.

Recordamos que los domingos y las festividades de santos se oficinan servicios religiosos en muchas iglesias. Por ello, se sugiere que las visitas se realicen fuera de los horarios de culto.

Museo Sin Fronteras no se responsabiliza de los incidentes que pudieran producirse durante la visita de la exposición.

Nota del traductor

Se ha procurado respetar los nombres de lugares y monumentos, siempre que se trate de nombres propios. Un ejemplo: "Castelo dos Mouros", pero "castillo de Alandroal". Cuando el significado del nombre portugués resulta claro para el hablante de castellano, se ha obviado la traducción.

Se han respetado, asimismo, los nombres de reyes y reinas portugueses, con el tratamiento que reciben en Portugal, D. y D.ª, hecho que ayuda, por lo demás, a distinguir a los soberanos lusos.

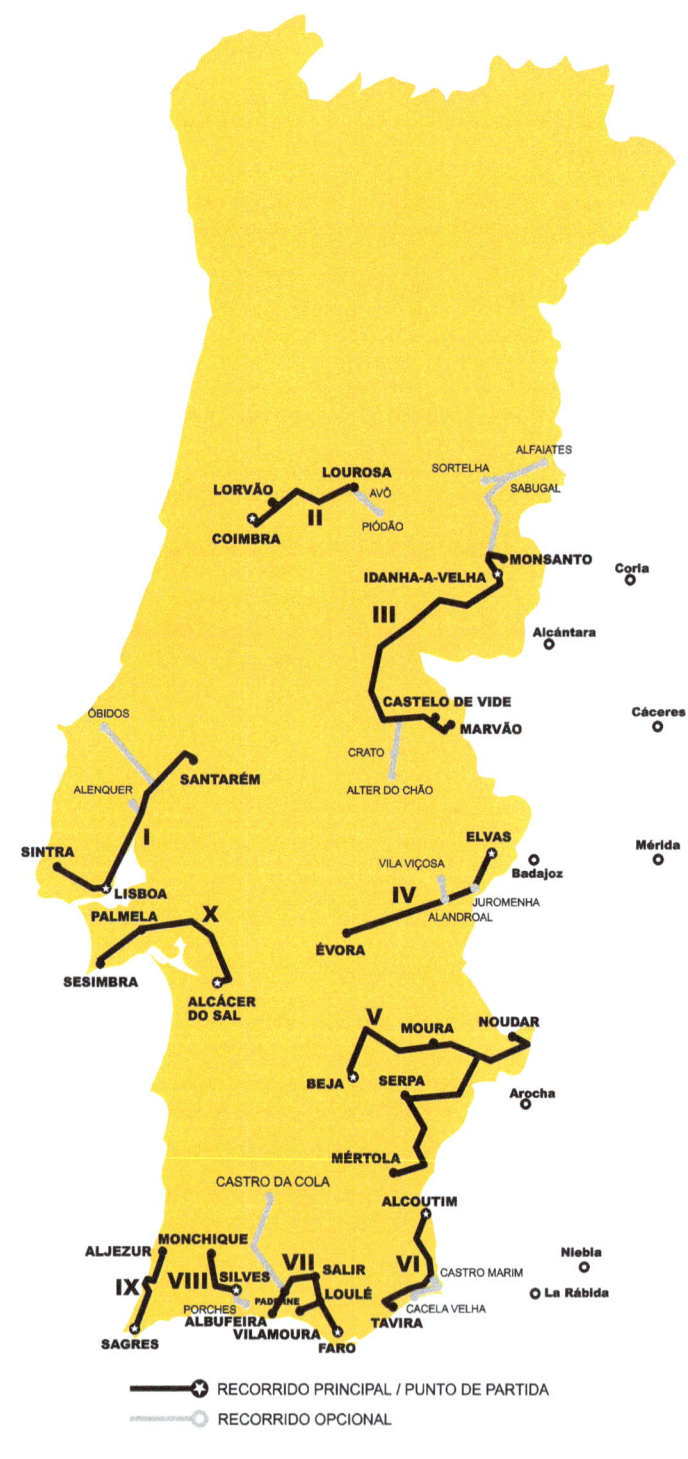

Sumario

15 **El Arte Islámico en el Mediterráneo**
Jamila Binous, Mahmoud Hawari, Manuela Marín, Gönül Öney

35 **Garb al-Andalus: reseña histórica**
Santiago Macias

40 **El extremo occidente ibérico**
Cláudio Torres

45 **Recorrido I**
El arte mudéjar
*Cláudio Torres, Santiago Macias,
Maria Regina Anacleto, Cristina Garcia,
Paula Noronha*
El fado
Ruben de Carvalho

67 **Recorrido II**
Entre moros y mozárabes
*Cláudio Torres, Maria Adelaide Miranda,
Mário Pereira, Santiago Macias*
Apocalipse do Lorvão
Maria Adelaide Miranda

79 **Recorrido III**
Idanha: tierras de frontera
*Cláudio Torres, Mário Pereira, Cristina Garcia,
Paula Noronha*

93 **Recorrido IV**
El camino de al-Garb
*Cláudio Torres, Santiago Macias,
Fernando Branco Correia,
Artur Goulart de Melo Borges*

105 **Recorrido V**
Un reino de taifa: Mértola
*Santiago Macias, Cláudio Torres, Miguel Rego,
Maria João Vieira*
Tejeduría
Santiago Macias

127 **Recorrido VI**
Guadiana: el gran río del sur
*Santiago Macias, Cláudio Torres, Cristina Garcia,
Paula Noronha*

137 **Recorrido VII**
Entre el Algarve y la sierra
Santiago Macias

153 **Recorrido VIII**
Silves: capital del arte almohade
Santiago Macias, Cláudio Torres

163 **Recorrido IX**
El cabo del fin del mundo
Cláudio Torres, Cristina Garcia, Paula Noronha

171 **Recorrido X**
Castillos del Sado
*Cláudio Torres, Isabel Cristina F. Fernandes,
Cristina Garcia, Paula Noronha*

181 **Glosario**

185 **Acontecimientos históricos**

189 **Orientación bibliográfica**

193 **Autores**

LAS DINASTÍAS ISLÁMICAS EN EL MEDITERRÁNEO

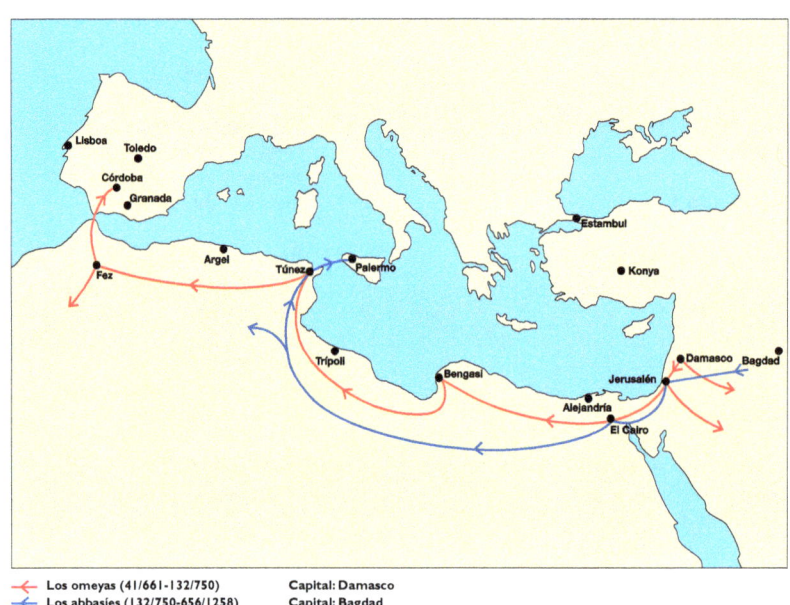

← Los omeyas (41/661-132/750) Capital: Damasco
← Los abbasíes (132/750-656/1258) Capital: Bagdad

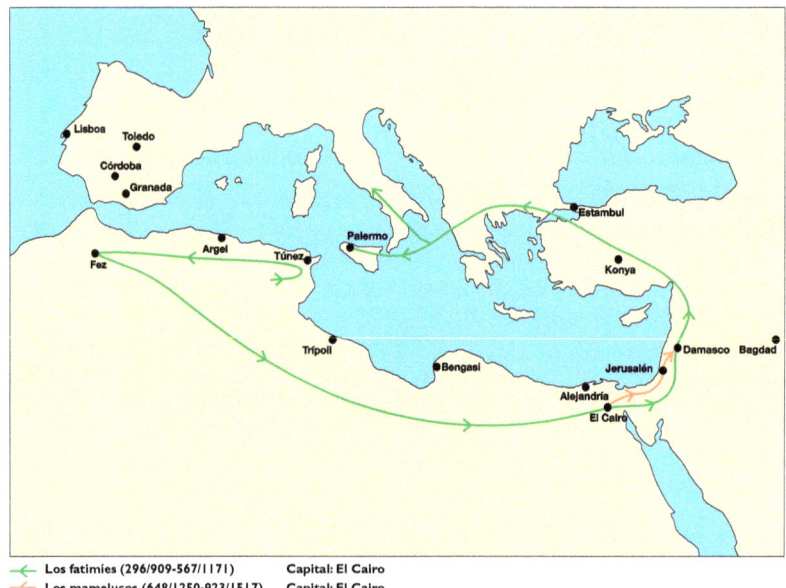

← Los fatimíes (296/909-567/1171) Capital: El Cairo
← Los mamelucos (648/1250-923/1517) Capital: El Cairo

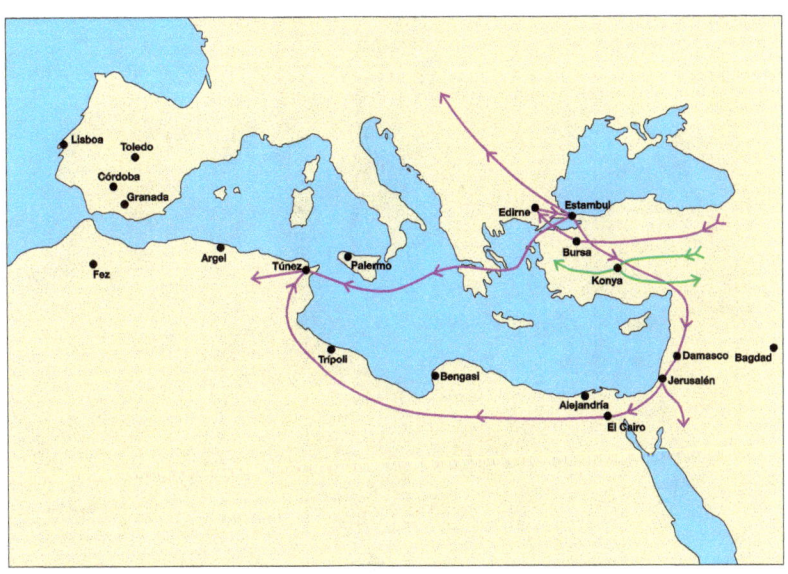

← **Los selyuquíes (571/1075-718/1318)** Capital: Konya
← **Los otomanos (699/1299-1340/1922)** Capital: Estambul

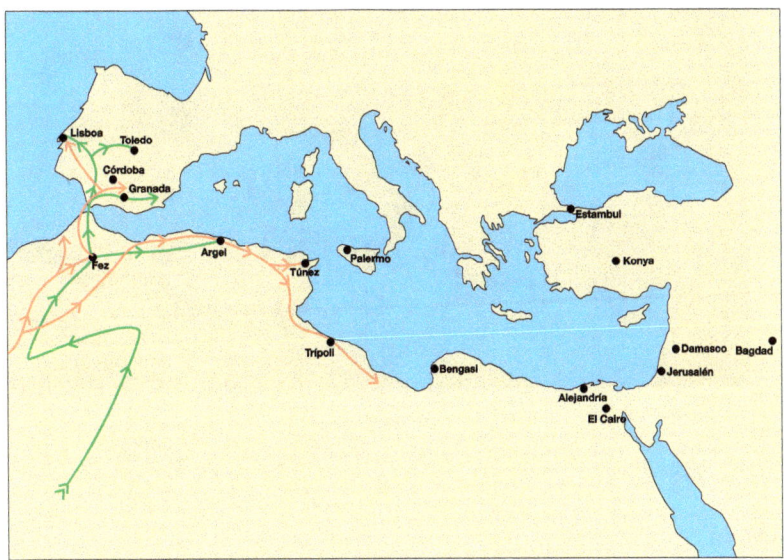

← **Los almorávides (427/1036-541/1147)** Capital: Marrakech
← **Los almohades (515/1121-667/1269)** Capital: Marrakech

Qusayr 'Amra,
pintura mural
en la Sala de Audiencia,
Badiya de Jordania.

EL ARTE ISLÁMICO EN EL MEDITERRÁNEO

Jamila Binous
Mahmoud Hawari
Manuela Marín
Gönül Öney

El legado islámico en el Mediterráneo

Desde la primera mitad del siglo I/VII, la historia de la Cuenca Mediterránea ha estado unida en casi igual proporción a la de dos culturas: el Islam y el Occidente cristiano. Esta extensa historia de conflicto y contacto ha generado una mitología ampliamente difundida por el imaginario colectivo, una mitología basada en la imagen de la otra cultura como el enemigo implacable, extraño y diferente y, como tal, incomprensible. Por supuesto, las batallas han salpicado los siglos transcurridos desde que los musulmanes se esparcieron desde la Península Arábiga y se apoderaron del Creciente Fértil, Egipto, y posteriormente del norte de África, Sicilia y la Península Ibérica, penetrando por la Europa occidental hasta el mismo sur de Francia. A principios del siglo II/VIII, el Mediterráneo estaba bajo control islámico.

Este impulso de expansión, de una intensidad raramente igualada en la historia, se llevaba a cabo en nombre de una religión que se consideraba heredera simultánea de sus dos predecesoras: el judaísmo y el cristianismo. Pero sería una inapropiada simplificación explicar la expansión islámica únicamente en términos religiosos. Existe una imagen muy extendida en Occidente que presenta el Islam como una religión de dogmas simples adaptados a las necesidades de la gente corriente y difundida por vulgares guerreros que habrían surgido del desierto blandiendo el Corán en las puntas de sus espadas. Esta burda imagen ignora la complejidad intelectual de un mensaje religioso que, desde el momento de su aparición, transformó el mundo. Se identifica esta imagen con una amenaza militar y se justifica así una respuesta en los mismos términos. Finalmente, reduce toda una cultura a uno solo de sus elementos —la religión— y, al hacerlo, la priva de su potencial de evolución y cambio.

Los países mediterráneos que se fueron incorporando progresivamente al mundo musulmán comenzaron sus respectivos trayectos desde puntos de partida muy diferentes. Por tanto, las formas de vida islámica que comenzaron a desarrollarse en cada uno de ellos fueron lógicamente muy diversas, aunque dentro de la unidad resultante de su común adhesión al nuevo dogma religioso. Es precisamente la capacidad de asimilar elementos de culturas previas (helenística, romana, etc.) uno de los rasgos distintivos que caracterizan a las sociedades islámicas. Si se restringe la observación al área geográfica del Mediterráneo, que era culturalmente muy heterogénea en el momento de la emergencia del Islam, se descubre rápidamente que este momento inicial no supuso ni mucho menos una ruptura con la historia previa. Se constata así la imposibilidad de imaginar un mundo islámico inmutable y monolítico, embarcado en el ciego seguimiento de un mensaje religioso inalterable.

Si algo se puede distinguir como *leitmotiv* presente en toda el área del Mediterráneo es la diversidad de expresión combinada con la armonía de sentimiento, un sentimiento más cultural que religioso. En la Península Ibérica —por empezar por el perímetro occidental del Mediterráneo— la presencia del Islam, impuesta inicialmente mediante la conquista militar, produjo una sociedad claramente diferenciada de la cristiana, pero en permanente contacto con ella. La importancia de la expresión cultural de esta sociedad islámica fue percibida como tal incluso después de que cesara de existir, y dio lugar a lo que tal vez sea uno de los componentes más originales de la cultura hispánica: el arte mudéjar. Portugal ha mantenido, a lo largo del periodo islámico, fuertes tradiciones mozárabes cuyas huellas siguen claramente visibles hoy en día. En Marruecos y Túnez, el legado andalusí quedó asimilado en las formas locales y sigue siendo evidente en nuestros días. El Mediterráneo occidental produjo formas originales de expresión que reflejan su evolución histórica conflictiva y plural.

Encajado entre Oriente y Occidente, el Mar Mediterráneo está dotado de enclaves terrestres como Sicilia, que corresponden a emplazamientos históricos estratégicos con siglos de antigüedad. Conquistada por los árabes que se habían establecido en Túnez, Sicilia siguió perpetuando la memoria histórica y cultural del Islam mucho después de que los musulmanes cesaran de tener presencia política en la isla. Las formas estéticas normandas conservadas en los edificios demuestran claramente que la historia de estas regiones no puede explicarse sin entender la diversidad de experiencias sociales, económicas y culturales que florecieron en su suelo.

En agudo contraste, pues, con la imagen inamovible a la que aludíamos al principio, la historia del Islam mediterráneo se caracteriza por una sorprendente diversidad. Está formada por una mezcla de gentes y caracteres étnicos, de desiertos y tierras fértiles. Aunque la religión mayoritaria fue la del Islam desde el principio de la Edad Media, también es cierto que las minorías religiosas mantuvieron cierta presencia. El idioma del Corán, el árabe clásico, ha coexistido en términos de igualdad con otros idiomas y dialectos del propio árabe. Dentro de un escenario de innegable unidad (religión musulmana, idioma y cultura árabes), cada sociedad ha evolucionado y respondido a los desafíos de la historia de una forma propia.

Aparición y desarrollo del arte islámico

En estos países, dotados de civilizaciones diversas y antiguas, fue surgiendo a finales del siglo II/VIII un nuevo arte impregnado de las imágenes de la fe islámica, que acabó imponiéndose en menos de cien años. Este arte dio origen a todo tipo de creaciones e innovaciones basadas en la unificación de las fórmulas y los procesos tanto decorativos como arquitectónicos de las diversas regiones, inspirándose simultáneamente en las tradiciones artísticas sasánidas, grecorromanas, bizantinas, visigóticas y beréberes.

El primer objetivo del arte islámico fue servir tanto a las necesidades de la religión como a los diversos aspectos de la vida socioeconómica. Y así aparecieron nuevos edificios destinados a usos religiosos, tales como las mezquitas y los santuarios. Por este motivo, la arquitectura desempeñó un papel central en el arte islámico, ya que gran parte de las otras artes están ligadas a ella. No obstante, al margen de la arquitectura, apareció un abanico de artes menores que encontraron su expresión artística a través de una amplia variedad de materiales, tales como la madera, la cerámica, los metales o el vidrio, entre otros muchos. En el caso de la alfarería, se recurrió a una amplia variedad de técnicas, entre las cuales sobresalen las piezas policromadas y lustradas. Se fabricaron también vidrios de gran belleza, alcanzándose un alto nivel en la realización de piezas adornadas con oro y esmaltes de colores brillantes. En la artesanía del metal, la técnica más sofisticada fue el trabajo en bronce con incrustaciones de plata o cobre. Se confeccionaron también tejidos y alfombras de alta calidad, con diseños basados en figuras geométricas, humanas y animales. Los manuscritos iluminados con ilustraciones en miniatura, por otra parte, representan un avance espectacular en las artes del libro. Toda esta diversidad en las manifestaciones menores refleja el esplendor alcanzado por el arte islámico.

Sin embargo, el arte figurativo quedó excluido del ámbito litúrgico del Islam, lo cual significa que permanece marginado con respecto al núcleo central de la civilización islámica y que solo es tolerado en su periferia. Los relieves son poco frecuentes en la decoración de los monumentos, mientras que las esculturas son casi planas. Esta ausencia se ve compensada por la gran riqueza ornamental de los revestimientos de yeso tallado, paneles de madera esculpida y mosaicos de cerámica vitrificada, así como frisos de *muqarnas* (mocárabe). Los elementos decorativos sacados de la naturaleza —hojas, flores, ramas— están estilizados al máximo y son tan complicados que casi no evocan sus fuentes de inspiración. La imbricación y la combinación de motivos geométricos, como rombos y polígonos, configuran redes entrelazadas que recubren por completo las superficies, dando lugar a formas llamadas "arabescos". Una innovación dentro del repertorio decorativo fue la introducción de elementos epigráficos en la ornamentación de los monumentos, el mobiliario y todo tipo de objetos. Los artesanos musulmanes recurrieron a la belleza de la caligrafía árabe, la lengua del Libro Sagrado, el Corán, no solo para la transcripción de los versos coránicos, sino simplemente como elemento decorativo para la orna-

El arte islámico en el Mediterráneo

Cúpula de la Roca, Jerusalén.

mentación de los estucos y los marcos de los paneles.

El arte estaba también al servicio de los soberanos. Para ellos los arquitectos construían palacios, mezquitas, escuelas, casas de baños, *caravansarays* y mausoleos que llevan a menudo el nombre de los monarcas. El arte islámico es, sobre todo, un arte dinástico. Con cada soberano aparecían nuevas tendencias que contribuían a la renovación parcial o total de las formas artísticas, según las condiciones históricas, la prosperidad de los diferentes reinos y las tradiciones de cada pueblo. A pesar de su relativa unidad, el arte islámico permitió así una diversidad propicia a la aparición de diferentes estilos, identificados con las sucesivas dinastías.

La dinastía omeya (41/661-132/750), que trasladó la capital del califato a Damasco, representa un logro singular en la historia del Islam. Absorbió e incorporó el legado helenístico y bizantino, y refundió la tradición clásica del Mediterráneo en un molde diferente e innovador. El arte islámico se formó, por tanto, en Siria, y la arquitectura, inconfundiblemente islámica debido a la personalidad de los fundadores, no perdió su relación con el arte cristiano y bizantino. Los más importantes monumentos omeyas son la Cúpula de la Roca de Jerusalén, el ejemplo más antiguo de santuario islámico monumental; la Mezquita Mayor de Damasco, que sirvió de modelo para las mezquitas posteriores; y los palacios del desierto de Siria, Jordania y Palestina.

Cuando el califato abbasí (132/750-656/1258) sustituyó a los omeyas, el centro político del Islam se trasladó desde el Mediterráneo hasta Bagdad, en Mesopotamia. Este factor influyó en el desarrollo de la civilización islámica, hasta el punto de que todo el abanico de manifestaciones culturales y artísticas quedó marcado por este cambio. El arte y la arquitectura abbasíes se inspiraban en tres grandes tradiciones: la sasánida, la asiática central y la selyuquí. La influencia del Asia central estaba presente ya en la arquitectura sasánida, pero en Samarra esta influencia se reflejó en la forma de trabajar el estuco con ornamentaciones de arabescos que rápidamente se difundiría por todo el mundo islámico. La influencia de los monumentos abbasíes se puede observar en los edificios construidos durante este período en otras regiones del imperio, pero especialmente en Egipto e Ifriqiya. La mezquita de Ibn Tulun (262/876-265/879), en El Cairo, es una obra maestra notable por su planta y por su unidad de concepción. Se inspiró en el modelo de la Mezquita Mayor abbasí de Samarra, sobre todo en su alminar en espiral. En Kairuán, la capital de Ifriqiya, los vasallos de los califas abbasíes, los aglabíes (184/800-296/909), ampliaron la Mezquita Mayor de Kairuán, una de las más venerables mezquitas *aljamas* del Magreb y cuyo *mihrab* está revestido con azulejos de Mesopotamia.

El reinado de los fatimíes (296/909-567/1171) representa un período notable en la historia de los países islámicos del Mediterráneo: el norte de África, Sicilia, Egipto y Siria. De sus construcciones arquitectónicas permanecen algunos ejemplos como testimonio de su gloria pasada: en el Magreb central, la Qal'a de los Bani Hammad y la mezquita de Mahdia; en Sicilia la Cuba (*Qubba*) y la Zisa

Mezquita de Kairuán, mihrab, Túnez.

Mezquita de Kairuán, alminar, Túnez.

Ciudadela de Alepo, vista de la entrada, Siria.

Complejo Qaluwun, El Cairo, Egipto.

(al-'Aziza), en Palermo, construidos por artesanos fatimíes bajo el reinado del rey normando Guillermo II; en El Cairo, la mezquita de al-Azhar es el ejemplo más prominente de la arquitectura fatimí egipcia.

Los ayyubíes (567/1171-648/1250), quienes derrocaron a la dinastía fatimí de El Cairo, fueron importantes mecenas de la arquitectura. Establecieron instituciones religiosas (*madrasas*, *janqas*) para la propagación del Islam sunní, así como mausoleos, establecimientos de beneficencia social e imponentes fortificaciones derivadas del conflicto militar con los cruzados. La ciudadela siria de Alepo es un ejemplo notable de su arquitectura militar.

Los mamelucos (648/1250-923/1517), sucesores de los ayyubíes que resistieron con éxito a los cruzados y a los mongoles, consiguieron la unidad de Siria y Egipto, y construyeron un imperio fuerte. La riqueza y el lujo que reinaban en la corte del sultán mameluco de El Cairo fueron la causa principal de que los artistas y arquitectos llegaran a desarrollar un estilo arquitectónico de extraordinaria elegancia. Para el mundo islámico, el período mameluco señala un momento de renovación y renacimiento. El entusiasmo de los mamelucos por la fundación de instituciones religiosas y por la reconstrucción de las existentes los sitúa entre los más grandes impulsores del arte y la arquitectura en la historia del Islam. Constituye un ejemplo típico de este período la

Mezquita de Hassan (757/1356), una mezquita funeraria de planta cruciforme en la que los cuatro brazos de la cruz están formados por cuatro *iwans* que circundan un patio central.

Anatolia fue el lugar de nacimiento de dos grandes dinastías islámicas: los selyuquíes (571/1075-718/1318), quienes introdujeron el Islam en la región, y los otomanos (699/1299-1340/1922), quienes pusieron fin al imperio bizantino con la toma de Constantinopla, consolidando su hegemonía en toda la región. El arte y la arquitectura selyuquíes

Mezquita Selimiye, vista general, Edirne, Turquía.

dieron lugar a un floreciente estilo propio a partir de la fusión de las influencias provenientes de Asia central, Irán, Mesopotamia y Siria con elementos derivados del patrimonio de la Anatolia cristiana y la antigüedad. Konya, la nueva capital de la Anatolia central, al igual que otras ciudades, fue enriquecida con numerosos edificios construidos en este nuevo estilo selyuquí. Son numerosas las mezquitas, *madrasa*s, *turbe*s y *caravansaray*s que han llegado hasta nuestros días, lujosamente decorados por estucos y azulejos con diversas representaciones figurativas.

A medida que los emiratos selyuquíes se desintegraban y Bizancio entraba en declive, los otomanos fueron ampliando rápidamente su territorio y trasladaron la capital de Iznik a Bursa y luego otra vez a Edirne. La conquista de

Cerámica del palacio Kubadabad, museo Karatay, Konya, Turquía.

Constantinopla en 858/1453 por el sultán Mehmet II imprimió el necesario impulso para la transición desde un estado emergente a un gran imperio, una superpotencia cuyas fronteras llegaban hasta Viena, incluyendo los Balcanes al oeste e Irán al este, así como el norte de África desde Egipto hasta Argelia. El Mediterráneo se convirtió, pues, en un mar otomano. La carrera por superar el esplendor de las iglesias bizantinas heredadas, cuyo máximo ejemplo es Santa Sofía, cul-

Mezquita Mayor de Córdoba, mihrab, España.

Madinat al-Zahra', Dar al-Yund, España.

minó en la construcción de las grandes mezquitas de Estambul. La más significativa de ellas es la mezquita Süleymaniye, concebida en el siglo X/XVI por el famoso arquitecto otomano Sinán, que constituye el ejemplo más significativo de armonía arquitectónica en edificios con cúpula. La mayoría de las grandes mezquitas otomanas formaba parte de extensos conjuntos de edificios llamados *külliye*, compuestos por varias *madrasa*s, una escuela coránica, una biblioteca, un hospital (*darüssifa*), un hostal (*tabjan*), una cocina pública, un *caravansaray* y varios mausoleos. Desde principios del siglo XII/XVIII, durante el llamado Período del Tulipán, el estilo arquitectónico y decorativo otomano reflejó la influencia del Barroco y el Rococó franceses, anunciando así la etapa de occidentalización de las artes y la arquitectura islámicas.

Situado en el sector occidental del mundo islámico, al-Andalus se convirtió en la cuna de una forma de expresión artística y cultural de gran esplendor. Abderramán I estableció un califato omeya independiente (138/750-422/1031) cuya capital era Córdoba. La Mezquita Mayor de esta ciudad habría de convertirse en predecesora de las tendencias artísticas más innovadoras, con elementos como los arcos superpuestos bicolores y los paneles con ornamentación vegetal, que pasarían a formar parte del repertorio de formas artísticas andalusíes.

En el siglo V/XI, el Califato de Córdoba se fragmentó en una serie de principados incapaces de hacer frente al progresivo avance de la Reconquista, iniciada por los estados cristianos del noroeste de la Península Ibérica. Estos reyezuelos, o Reyes de Taifa, recurrieron a los almorávides en 479/1086 y a los almohades en 540/1145, para repeler el avance cristiano y restablecer parcialmente la unidad de al-Andalus.

A través de su intervención en la Península Ibérica, los almorávides (427/1036-541/1147) entraron en contacto con una nueva civilización y quedaron inmediatamente cautivados por el refinamiento del arte andalusí, como lo refleja su capital Marrakech, donde construyeron una gran mezquita y varios palacios. La influencia de la arquitectura de Córdoba y otras capitales como Sevilla se hizo sentir en todos los monumentos almorávides desde Tlemcen o Argel hasta Fez.

Mezquita de Tinmel, vista aérea, Marruecos.

Bajo el dominio de los almohades (515/1121-667/1269), quienes extendieron su hegemonía hasta Túnez, el arte islámico occidental alcanzó su momento de máximo apogeo. Durante este período, se renovó la creatividad artística que se había originado bajo los soberanos almorávides y se crearon varias obras maestras del arte islámico. Entre los ejemplos más notables se encuentran la Mezquita Mayor de Sevilla, con su alminar, la Giralda; la Kutubiya de Marrakech; la mezquita de Hassan de Rabat; y la Mezquita de Tinmel, en lo alto de las Montañas del Atlas marroquí.

Tras la disolución del imperio almohade, la dinastía nazarí (629/1232-897/1492) se instaló en Granada y alcanzó su esplendor en el siglo VIII/XIV. La civilización de Granada había de convertirse en un modelo cultural durante los siglos venideros en España (el arte mudéjar) y sobre todo en Marruecos, donde esta tradición artística disfrutó de gran popularidad y se ha conservado hasta nuestros días en la arquitectura, la decoración, la música y la cocina. El famoso palacio y fuerte de *al-Hamra'*

Torre de las Damas y jardines, la Alhambra, Granada, España.

Mértola, vista general, Portugal.

Friso epigráfico con caracteres cursivos sobre azulejos, madrasa Buinaniya, Mequinez, Marruecos.

(la Alhambra) de Granada señala el momento cumbre del arte andalusí y posee todos los elementos de su repertorio artístico.

En Marruecos, los meriníes (641/1243-876/1471) sustituyeron en la misma época a los almohades, mientras que en Argelia reinaban los Abd al-Wadid (633/1235-922/1516) y en Túnez los hafsíes (625/1228-941/1534). Los meriníes perpetuaron el arte andalusí, enriqueciéndolo con nuevos elementos. Embellecieron la capital Fez con numerosas mezquitas, palacios y *madrasa*s, considerados todos estos edificios, con sus mosaicos de cerámica y sus paneles de *zelish* decorando los muros, como los ejemplos más perfectos del arte islámico. Las últimas dinastías marroquíes, la de los saadíes (933/1527-1070/1659) y la de los alauíes (1070/1659-hasta hoy), prosiguieron la tradición artística de los andalusíes exiliados de su tierra nativa en 897/1492. Para construir y decorar sus monumentos, estas dinastías siguie-

Qalʻa de los Bani Hammad, alminar, Argelia.

Tumba de los Saadíes, Marrakech, Marruecos.

ron recurriendo a las mismas fórmulas y a los mismos temas decorativos que las dinastías precedentes, y añadieron toques innovadores propios de su genio creativo. A principios del siglo XI/XVII, los emigrantes andalusíes (los moriscos) que establecieron sus residencias en las ciudades del norte de Marruecos, introdujeron allí numerosos elementos del arte andalusí. Actualmente, Marruecos es uno de los pocos países que ha mantenido vivas las tradiciones andalusíes en la arquitectura y el mobiliario, modernizadas por la incorporación de técnicas y estilos arquitectónicos del siglo XX.

LA ARQUITECTURA ISLÁMICA

En términos generales, la arquitectura islámica puede clasificarse en dos categorías: religiosa, como es el caso de las mezquitas y los mausoleos, y secular, como en los palacios, los *caravansarays* o las fortificaciones.

Arquitectura religiosa

Mezquitas

Por razones evidentes, la mezquita ocupa el lugar central en la arquitectura islámica. Representa el símbolo de la fe a la que sirve. Este papel simbólico fue comprendido por los musulmanes en una etapa muy temprana, y desempeñó un papel importante en la creación de adecuados signos visibles para el edificio: el alminar, la cúpula, el *mihrab* o el *mimbar*.
La primera mezquita del Islam fue el patio de la casa del profeta en Medina, desprovista de cualquier refinamiento arquitectónico. Las primeras mezquitas construidas por los musulmanes a medida que se expandía su imperio eran de gran sencillez. A partir de aquellos primeros edificios se desarrolló la mezquita congregacional o mezquita del viernes (*yami'*), cuyos elementos esenciales han permanecido inalterados durante casi 1400 años. Su planta general consiste en un gran patio rodeado de galerías con arcos, cuyo número de arcadas es más elevado en el lado orientado hacia la Meca (*qibla*) que en los otros lados. La Mezquita Mayor omeya de Damasco, cuya planta se inspira en la mezquita del Profeta, se convirtió en el prototipo de muchas mezquitas construidas en diversas partes del mundo islámico.

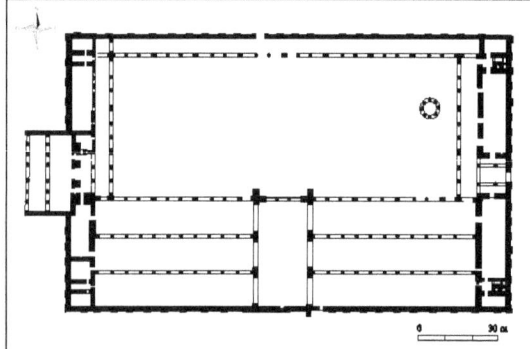

Mezquita omeya de Damasco, Siria.

Otros dos tipos de mezquitas se desarrollaron en Anatolia y posteriormente en los dominios otomanos: la mezquita basilical y la mezquita con cúpula. La primera tipología consiste en una simple basílica o sala de columnas inspirada en las tradiciones romana tardía y bizantina siria, introducidas con ciertas modificaciones durante el siglo V/XI. En la segunda tipología, que se desarrolló durante el período otomano, el espacio interior se organiza bajo una cúpula única. Los arquitectos otomanos crearon en las grandes mezquitas imperiales un nuevo estilo de construcción con cúpulas, fusionando la tradición de la mezquita islámica con la edificación con cúpula en Anatolia. La cúpula principal descansa sobre una estructura de planta hexagonal, mientras que las crujías laterales están cubiertas por cúpulas más pequeñas. Este énfasis en la creación de un espacio interior dominado por una única cúpula se convirtió en el punto de partida de un estilo que habría de difundirse en el siglo X/XVI. Durante este período, las mezquitas se convirtieron en conjuntos sociales multifuncionales formados por una *zawiya*, una *madrasa*, una cocina pública, unas termas, un *caravansaray* y un mausoleo dedicado al fundador. El monumento más importante de esta tipología es la mezquita Süleymaniye de Estambul, construida en 965/1557 por el gran arquitecto Sinán.

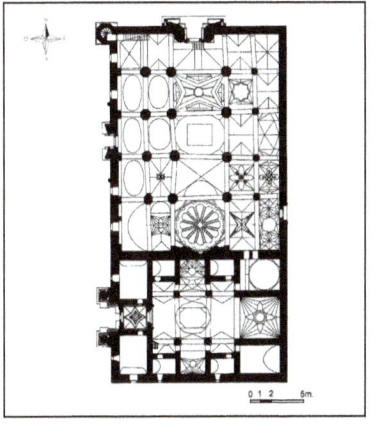

Mezquita Mayor de Divriği, Turquía.

El alminar desde lo alto del cual el *muecín* llama a los musulmanes a la oración, es el signo más prominente de la mezquita. En Siria, el alminar tradicional consiste en una torre de planta cuadrada construida en piedra. Los alminares del Egipto mameluco se dividen en tres partes: una torre de planta cuadrada en la parte inferior, una sección intermedia de planta octogonal y una parte superior cilíndrica rematada por una pequeña cúpula. Su cuerpo central está ricamente decorado y la zona de transición entre las diversas secciones está recubierta con una franja decorativa de mocárabe. Los alminares norteafricanos y españoles, que comparten la torre cuadrada con los sirios, están decorados con paneles de motivos ornamentales dispuestos en torno a ventanas geminadas. Durante el período otomano las torres cuadradas fueron sustitui-

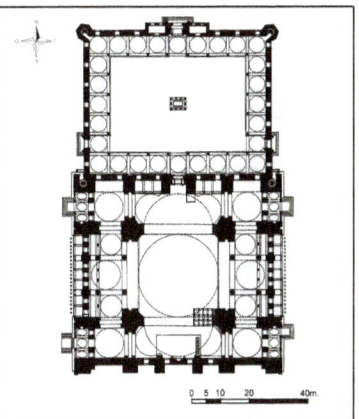

Mezquita Süleymaniye, Estambul, Turquía.

Tipología de alminares.

das por alminares octogonales y cilíndricos. Suelen ser alminares puntiagudos de gran altura y, aunque las mezquitas sólo suelen tener un único alminar, en las ciudades más importantes pueden tener dos, cuatro o incluso seis.

Madrasas

Parece probable que fueran los selyuquíes quienes construyeran las primeras *madrasa*s en Persia a principios del siglo V/XI, cuando se trataba de pequeñas edificaciones con una sala central con cúpula y dos *iwan*s laterales. Posteriormente se desarrolló una tipología con un patio abierto y un *iwan* central rodeados de galerías. En Anatolia, durante el siglo VI/XII, la *madrasa* se transformó en un edificio multifuncional que servía como escuela médica, hospital psiquiátrico, hospicio con comedores públicos (*imaret*) y mausoleo.

La difusión del Islam ortodoxo sunní alcanzó un nuevo momento cumbre en Siria y Egipto bajo el reinado de los zenyíes y los ayyubíes (siglos VI/XII - p. VII/XIII). Esto condujo a la aparición de la *madrasa* fundada por un dirigente cívico o político en aras del desarrollo de la jurisprudencia islámica. La fundación venía seguida de la concesión de una dotación financiera en perpetuidad (*waqf*), generalmente las rentas de unas tierras o propiedades en la forma de un pomar, unas tiendas en algún mercado (*suq*) o unas termas (*hammam*). La *madrasa* respondía tradicionalmente a una planta cruciforme con un patio central rodeado de cuatro *iwan*s. Esta edificación no tardó en convertirse en la forma arquitectónica dominante, a partir de la cual las mezquitas adoptaron la planta de cuatro *iwan*s. Posteriormente, fue

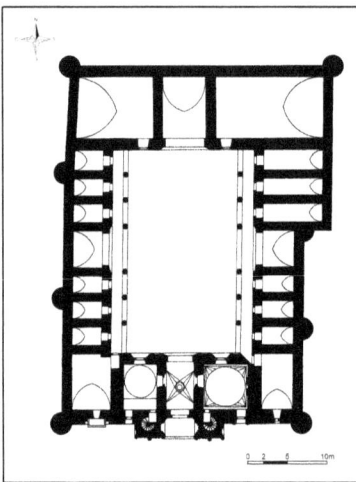

Madrasa de Sivas Gök, Turquía.

perdiendo su exclusiva función religiosa y política como instrumento de propaganda y comenzó a asumir funciones cívicas más amplias, como mezquita congregacional y como mausoleo en honor del benefactor. La construcción de *madrasas* en Egipto y especialmente en El Cairo adquirió un nuevo impulso con la llegada de los mamelucos. La típica *madrasa* cairota de esta época consistía en un gigantesco edificio con cuatro *iwan*s, un espléndido portal de mocárabe (*muqarna*s) y unas espléndidas fachadas. Con la toma del poder por parte de los otomanos en el siglo X/XVI, las dobles fundaciones conjuntas —las típicas mezquitas-*madrasas*— se difundieron en forma de extensos conjuntos que gozaban del patronazgo imperial. El *iwan* fue desapareciendo gradualmente, sustituido por la sala con cúpula dominante. El aumento sustancial en el número de celdas con cúpulas para estudiantes constituye uno de los elementos que caracterizan las *madrasas* otomanas.

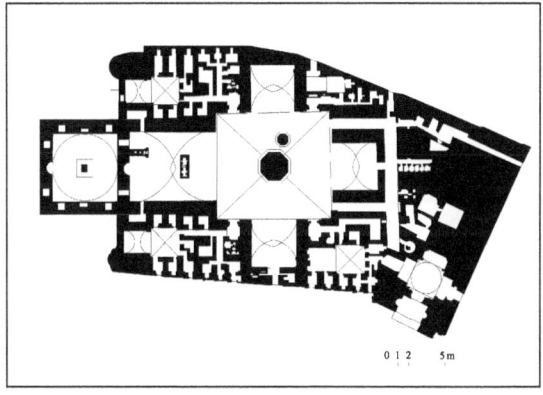

Mezquita y madrasa Sultán Hassan, El Cairo, Egipto.

Una de las varias tipologías de edificios que puede relacionarse con la *madrasa* en virtud tanto de su función como de su forma es la *janqa*. Este término, más que a un tipo concreto de edificio, se refiere a una institución que aloja a los miembros de una orden mística musulmana. Los historiadores han utilizado también los siguientes términos como sinónimos de *janqa*: en el Magreb, *zawiya*; en el mundo otomano, *tekke*; y en general, *ribat*. El sufismo dominó de forma permanente el uso de la *janqa*, que se originó en el este de Persia durante el siglo IV/X. En su forma más simple, la *janqa* era una casa donde un grupo de discípulos se reunía en torno a un maestro (*chayj*) y estaba equipada con instalaciones para la celebración de reuniones, la oración y la vida comunitaria. La fundación de *janqa*s floreció bajo el dominio de los selyuquíes en los siglos V/XI y VI/XII, y se benefició de la estrecha asociación entre el sufismo y el *madhab chafi'i* (doctrina), favorecida por la elite dominante.

Mausoleos

La terminología utilizada por las fuentes islámicas para referirse a la tipología del mausoleo es muy variada. El término descriptivo corriente de *turba* hace referencia a la función del edificio como lugar de enterramiento. Otro término, el de *qubba*, hace hincapié en lo más identificable, la cúpula, y a menudo se

Qasr al-Jayr al-Charqi, Siria.

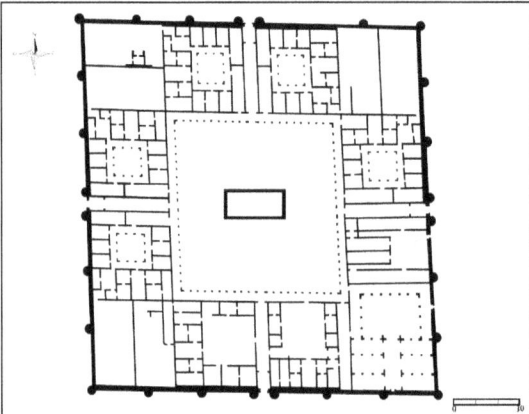

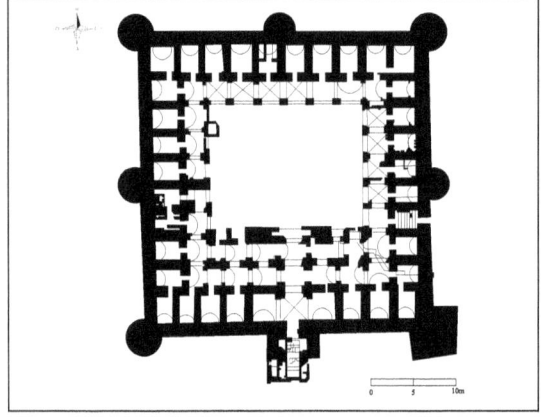

Ribat de Susa, Túnez.

aplica a una estructura donde se conmemora a los profetas bíblicos, a los compañeros del Profeta Muhammad o a personajes notables, ya sean religiosos o militares. La función del mausoleo no se limita exclusivamente a la de lugar de enterramiento y conmemoración, sino que desempeña también un papel importante para la práctica "popular" de la religión. Son venerados como tumbas de los santos locales y se han convertido en lugares de peregrinación. A menudo, estas edificaciones suelen estar ornamentadas con citas coránicas y dotadas de un *mihrab* que los convierte en lugares de oración. En algunos casos, el mausoleo forma parte de alguna edificación contigua. Las formas de los mausoleos islámicos medievales son muy variadas, pero la forma tradicional tiene la planta cuadrada y está rematada por una cúpula.

Arquitectura secular

Palacios

El período omeya se caracteriza por los palacios y las casas de baños situados en remotos parajes desérticos. Su planta básica proviene de los modelos militares romanos. Aunque la decoración de estas edificaciones es ecléctica, constituyen los mejores ejemplos del incipiente estilo decorativo islámico. Entre los medios utilizados para llevar a cabo esta notable diversidad de motivos decorativos se encuentran los mosaicos, las pinturas murales y las esculturas de piedra o estuco. Los palacios abbasíes de Irak, tales como los de Samarra y Ujaydir, responden al mismo esquema en planta que sus predecesores omeyas, pero sobresalen por su mayor tamaño, el uso de un gran *iwan*, una cúpula y un patio, así como por el recurso generalizado a las decoraciones de estuco. Los palacios del período islámico tardío desarrollaron un estilo característico diferente, más decorativo y menos monumental. El ejemplo más notable de palacio real o principesco es La Alhambra. La amplia superficie del palacio se fragmenta en una serie de unidades independientes: jardines, pabellones y patios. Sin embargo, el rasgo más sobresaliente de La Alhambra es la decoración, que brinda una atmósfera extraordinaria al interior del edificio.

Caravansarays

El *caravansaray* suele hacer referencia a una gran estructura que ofrece alojamiento a viajeros y comerciantes.

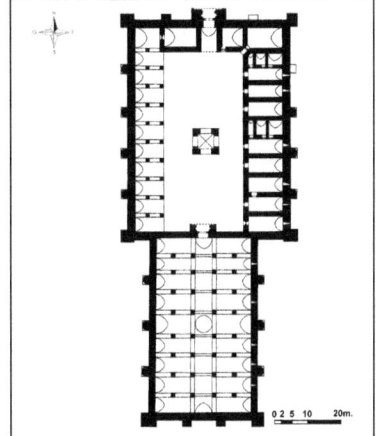

Jan Sultan Aksaray, Turquía.

Generalmente es de planta cuadrada o rectangular, y ofrece una única entrada monumental saliente y torres en los muros exteriores. En torno a un gran espacio central rodeado por galerías se organizan habitaciones para los viajeros, almacenes de mercancía y establos.

Esta tipología de edificio responde a una amplia variedad de funciones, como lo demuestran sus múltiples denominaciones: *jan, han, funduq* o *ribat*. Estos términos señalan diferencias lingüísticas regionales más que distinciones funcionales o tipológicas. Las fuentes arquitectónicas de los diversos tipos de *caravansarays* son difíciles de identificar. Algunas derivan tal vez del *castrum* o campamento militar romano, con el que se relacionan los palacios omeyas del desierto. Otras tipologías, como las frecuentes en Mesopotamia o Persia, se asocian más bien a la arquitectura doméstica.

Organización urbana

Desde aproximadamente el siglo III/X, cualquier ciudad de cierta importancia se dotó de torres y muros fortificados, elaboradas puertas urbanas y una prominente ciudadela (*qal'a* o alcazaba) como asentamiento del poder. Estas últimas son construcciones realizadas con materiales característicos de la región circundante: piedra en Siria, Palestina y Egipto, o ladrillo, piedra y tapial en la Península Ibérica y el norte de África. Un ejemplo singular de arquitectura militar es el *ribat*. Desde el punto de vista técnico, consistía en un palacio fortificado destinado a los guerreros islámicos que se consagraban, ya fuera provisional o permanentemente, a la defensa de las fronteras. El *ribat* de Susa, en Túnez, recuerda los primeros palacios islámicos, pero difiere de ellos en su distribución interior con grandes salas, así como por su mezquita y alminar.

La división en barrios de la mayoría de las ciudades islámicas se basa en la afinidad étnica y religiosa, y constituye por otra parte un sistema de organización urbana que facilita la administración cívica. En cada barrio hay siempre una mezquita. En el interior o en sus proximidades hay, además, una casa de baños, una fuente, un horno y una agrupación de tiendas. Su estructura está formada por una red de calles y callejones, y un conjunto de viviendas. Según la región y el período, las casas adoptan diferentes rasgos que responden a las distintas tradiciones históricas y culturales, el clima o los materiales de construcción disponibles.

El mercado (*suq*), que actúa como centro neurálgico de los negocios locales, es de hecho el elemento característico más relevante de las ciudades islámicas. La distancia del mercado a la mezquita determina su organización espacial por gremios especializados. Por ejemplo, las profesiones consideradas limpias y honorables (libreros, perfumeros y sastres) se sitúan en el entorno inmediato de la mezquita, mientras que los oficios asociados al ruido y el mal olor (herreros, curtidores, tintoreros) se sitúan progresivamente más lejos de ella. Esta distribución topográfica responde a imperativos basados estrictamente en criterios técnicos.

Castillo, lápida conmemorativa de la construcción del alminar de la mezquita, detalle, 444/1052, Moura.

GARB AL-ANDALUS: RESEÑA HISTÓRICA

Santiago Macias

Los territorios más occidentales de la Península compartieron de cerca, en términos cronológicos, el proceso de islamización que se dio en las demás regiones de Hispania. Según los testimonios escritos, entre los años 95/714 y 97/716 ciudades como Lisboa, Faro, Beja, Santarém o Coimbra pasaron a formar parte de la órbita de influencia musulmana, y es de suponer que en todo el territorio restante se diera idéntica situación.

La estrategia de ocupación obrada en ese territorio por las primeras tropas musulmanas estaría basada más que nada en el establecimiento de consensos y acuerdos con las poblaciones peninsulares. Este hecho contribuiría, de forma decisiva, al mantenimiento en al-Garb de un estado de relativa autonomía que se acercó, a veces, a una casi independencia.

El territorio de Garb al-Andalus constituye, desde el punto de vista de la historia política de la civilización islámica peninsular, una zona particular, caracterizada por una dinámica que acompaña, a ritmo propio, los acontecimientos ocurridos en la esfera de los grandes centros de decisión. Espacio geográficamente apartado de las ciudades que fueron núcleos políticos entre los siglos II/VIII y VII/XIII (Córdoba y Sevilla), en él se produjeron acontecimientos que marcaron decisivamente la vida de la población allí residente y que tuvieron, en determinadas ocasiones, extrema importancia para la evolución de la historia política peninsular en conjunto.

Así pues, en al-Andalus, y por tanto también en al-Garb, además de las inherentes contradicciones sociales entre los mundos urbano y rural, tenemos un creciente distanciamiento étnico, lingüístico y hasta religioso de la ciudad respecto al campo, que se fue acentuando con las sucesivas migraciones de comerciantes o de profesionales de la guerra.

La dispersión territorial de pequeñas y medianas ciudades evidencia una disolución de poderes que, en cierto modo, definió e individuó a Garb al-Andalus en el contexto ibérico. Es sintomático, en ese sentido, que Lisboa, el mayor y más poderoso centro urbano de al-Garb, nunca tuviera una función hegemónica en la región ni manifestara tampoco pretensiones del género. La ciudad del estuario tuvo siempre un papel discreto en todas las luchas por el poder que envolvieron sistemáticamente a sus vecinos. Por otro lado, las dos experiencias unificadoras de Badajoz, además de insertarse en un contexto propio de resistencia al control cordobés y no poder desligarse del hecho de que esta ciudad intentó asumir la herencia política de la antigua capital lusitana, no tuvieron demasiado futuro debido a la permanente rebeldía de la región.

En una tradición que parece haberse generalizado a todo al-Andalus, cada ciudad debía tener su caíd o alcaide como representante y sancionador de un poder político-religioso que pasaba necesaria-

Utensilios de cocina, Museo de Mértola.

Capitel de mármol, siglos III/IX-IV/X, Museo Municipal Pedro Nunes, Alcácer do Sal.

Lápida con epigrama, Museo Arqueológico y Lapidario Infante D. Henrique, Faro.

mente por la invocación semanal en la mezquita. Este hecho tiene poco que ver con el poder efectivo desempeñado por ese funcionario superior, cuya única y principal tarea era habitualmente la recaudación de impuestos. La mayor parte de las veces, y el hecho fue muy frecuente en al-Garb, estos alcaides, aunque aceptados por el *califa* —que negociaba con ellos un reparto de poderes— eran potentados locales, pertenecientes a poderosos grupos familiares que ya poseían, en la práctica, el poder económico en la ciudad y la región. En momentos excepcionales llegaron incluso a tomar en sus manos el control completo de la ciudad, como ocurrió con la pequeña república de pescadores de Pechina, junto a Almería, y en al-Garb con la comuna marítima de Tavira entre 545/1151 y 562/1167. El ejercicio efectivo del poder pasa por estos comerciantes ricos, que asumen perfectamente su origen regional, hasta el punto de adoptar el nombre de la propia ciudad. La vieja urbe romana de Ossónoba, denominada Santa María durante el siglo V/XI, pasa a llamarse Santa María de Faro debido al hecho probable de que por entonces se construyera un faro, que se había vuelto necesario al llenarse la ría de arenas de aluvión. Creemos, pues, que el nombre de Faro no proviene de un antropónimo árabe, como generalmente se afirma, sino que fue, en cambio, una importante familia local la que adoptó el nombre de la ciudad que gobernó durante decenas de años. Era normal entre los *muladíes* la incorporación del topónimo natal al nombre coránico adoptado en el momento de abrazar la nueva fe.

Las sucesivas tentativas de centralización del poder por parte de *emires* y *califas* chocaron, con frecuencia, con el deseo de autonomía manifestado localmente sobre todo por *muladíes* y *mozárabes*, sentimiento que no se apagó con el transcurso de los siglos. Esas rebeliones de carácter local tendieron, a su vez, a generar movimientos unificadores a escala regional. Garb al-Andalus vio surgir en su territorio un conjunto de movimientos orientados en ese sentido.

En el año 145/763 estallaron varias revueltas que, supuestamente, tuvieron su origen en la familia Yahsubi. La actitud de los yahsubis revela la existencia de una verdadera autonomía de Garb al-Andalus: Abd al-Rahman se vio obligado a respetar el poder de esa tribu en el sur de al-Garb a cambio de reconocimiento, y el clan obtuvo la caución del poder sobre la región que controlaba. Esta revuelta tuvo como mentor al jefe yahsubi al-Ala Ibn Muguit, el cual proclamó la soberanía del *califa* abbasí (dinastía reinante en Bagdad) del que se consideraba representante en al-Andalus. La rebelión se extendió desde Beja (su punto de origen) a todo al-Garb y más tarde fue aplastada, con dificultades, gracias a una traición del *emir* Abd al-Rahman I, que buscó la ayuda de jefes árabes no yemenitas. Siguieron las revueltas de 148/765-66, encabezada por Said al-Yahsubi al-Mattari, y de 156/773-157/774, comandada por Abd al-Gafir al-Yahsubi, movimientos que expresan bien el poder de una tribu particularmente importante en la lucha contra el poder central con sede en Córdoba.

El gran periodo de las revueltas *muladíes* de al-Garb coincide con mediados del siglo III/s. m. IX y se encuentra íntimamente ligado a las acciones de un jefe militar de gran relevancia para la historia del occidente peninsular: Abd al-Rahman Ibn Marwan al-Yilliqi, hijo del gobernador del mismo nombre.

Después de una primera tentativa de rebelión en el año 254/868, al-Yilliqi (el Gallego) es llevado a la corte de Córdoba, de donde huye pasados algunos años. Se alía entonces con otro *muladí*, Sadun Fath al-Surunbaqi, con quien hace frente a las tropas omeyas.

Luego de algunas acciones militares, se retiran a territorio cristiano, y Alfonso III de León encomienda la protección de una fortaleza junto al Duero a al-Surunbaqi, quien también participa en diversas acciones de pillaje en el sur de la Península.

El papel falsamente ambiguo de al-Yilliqi y al-Surunbaqi, ora residentes en la corte del emirato, ora al servicio de príncipes cristianos, nos parece que radica precisamente en la posición de bisagra que toda la actual región norte alentejana y el centro de Portugal desempeñaban en el contexto de al-Garb. Las sucesivas alianzas entabladas por estos jefes militares *muladíes* no eran sino una forma de afirmar el poder político de un territorio que va de Badajoz al Duero y de garantizar su autonomía.

La muerte de Ibn Marwan, ocurrida probablemente en 276/889-890, no acabó con este fenómeno autonómico vivido hace largo tiempo en al-Garb, zona que permaneció durante más de 40 años fuera de la influencia directa de los *emires* de Córdoba: Abd al-Rahman Ibn Marwan se instaló en Badajoz y Mérida, Abd al-Malik Ibn Abi al-Yawad se adueñó de Beja y extendió su control a Mértola, cuya fortaleza restauró. Más al sur, Bakr Ibn Yahya Ibn Bakr, hijo de Zadulfo, se hizo señor de Santa María. De acuerdo con el relato del *Bayan al-Mugrib*, se juntaban "los tres para resistir a sus enemigos", afirmación que nos da la medida exacta de una solidaridad firmemente mantenida entre los jefes

Capitel de mármol, siglo IV/X, Museo Nacional de Arqueología, Lisboa.

militares de al-Garb, única forma de asegurar el mantenimiento de un estatuto difícilmente conquistado.

La unificación obrada por Abd al-Rahman III pone fin a un siglo de lucha por el control del territorio de al-Garb. Después de la tentativa de supremacía de los yahsubis y del largo periodo de dominio de los Banu Marwan sobre el occidente peninsular, el *califa* consigue neutralizar por algún tiempo las autonomías regionales y ejercer un poder efectivo sobre un territorio que siempre había mostrado particular animadversión hacia cualquier forma de dominio externo. La división territorial verificada en al-Garb a lo largo del siglo V/XI no representa solamente, como tantas veces se ha afirmado, la expresión de los intereses de las diferentes tribus árabes o el reparto de sedes de poder entre los jefes militares. Significa, por el contrario, la sistemática y cíclica eclosión de autonomías regionales y locales, hecho que era manejado hábilmente por las elites militares y políticas de esas regiones, y que constituía una sólida base para las tentaciones secesionistas de los alcaides y valíes que el poder de Córdoba colocaba al frente de *coras* y ciudades. Parece que los sucesivos y violentos levantamientos contra el poder central tuvieron el apoyo inmediato y entusiástico de las poblaciones.

La importancia de las comunidades *muladí* y *mozárabe* del término de la antigua Ossónoba era ciertamente considerable: en la toponimia se registra, además del nombre mismo de la ciudad, Santa María (denominación que, curiosamente, solo se retomó en época islámica), la presencia de un pueblo llamado Sanbras (¿São Brás de Alportel?), tierra natal del poeta Ibn Ammar. Por otro lado, la importancia de varios lugares de culto nos da idea también de la influencia de los cristianos en las regiones meridionales de al-Andalus. Además de la existencia de una iglesia en Sagres, se decía que las columnas de plata de la iglesia de Santa María eran tan gruesas que un hombre no las podía abarcar, afirmación fantasiosa que demuestra claramente el peso que la comunidad cristiana tenía en la ciudad y, ciertamente, en la región. Los Banu Harun, *muladíes* o no, asumieron, en calidad de líderes locales, la representación de los intereses de esa vasta comunidad. Una última tentativa de unificación regional tiene como protagonista al líder religioso Ibn Qasi, que consigue, durante las segundas *taifas* (m. siglo VI/m. XII), someter los términos de Mértola, Silves, Beja y Évora.

El debilitamiento del poder almorávide tiene como consecuencia la aparición, en al-Garb, de las segundas *taifas*. En esta región, la motivación religiosa sirvió de tapadera de intereses políticos muy precisos, y se desarrolló al mismo tiempo que la embestida cristiana de 533/1139-541/1147, que hizo avanzar los límites del naciente reino de Portugal hasta la línea del Tajo. Durante estas campañas, dos ciudades cruciales, Santarém y Lisboa, fueron arrebatadas al área de influencia islámica.

El líder en la revuelta de al-Garb fue Abu al-Qasim al-Husayn Ibn Qasi, un *muladí* de una importante familia de Silves que había dedicado su juventud al estudio de los teólogos musulmanes y que comenzó a predicar una vida de ascetismo. Mandó construir incluso un *ribat* (rábida) en el término de Silves, al que se retiró con su grupo de discípulos, conocidos como *muridines* (novicios). El convulso ambiente político que a la sazón se vivía en al-Garb resultaría propicio para las ambiciosas intenciones de Ibn Qasi, que a partir de 538/1144 llevó a cabo notables actividades políticas y militares en toda esta región.

Sería uno de sus protegidos quien tomara en 538/1144 el castillo de Mértola, lugar donde Ibn Qasi entró triunfante algunos días más tarde. La subida de Ibn Qasi al poder provocó, una vez más, la autonomía de al-Garb como entidad política. La revuelta de Abu Muhammad Sidray Ibn Wazir en Beja y la de Abu Walid Muhammad Ibn al-Mundir en Silves, que se dieron a continuación, confirman esa tendencia, reforzada con la sumisión de estos a Ibn Qasi. Al-Mundir conquistó seguidamente Huelva y Niebla, al paso que Ibn Wazir ensanchaba estos dominios hasta Badajoz.

Ibn Qasi, apeado del poder, se traslada al norte de África para solicitar ayuda a los almohades, que le entregarían el gobierno de la ciudad de Silves (541/1147). Su reinado terminaría poco más tarde: el pacto que establece con Afonso Henriques lleva a la población de Silves a asesinarlo en 545/1151.

Los últimos 100 años del periodo musulmán están marcados por un conjunto de campañas militares encabezadas por los señores del norte y cuyo comienzo se puede situar un poco antes de mediados del siglo VI/m. XII, con la conquista de dos ciudades fundamentales para el control de la línea del Tajo: Santarém y Lisboa, tomadas en 540/1146-541/1147. La segunda mitad del siglo VI/s. m. XII se caracteriza tanto por la influencia que los almohades ejercen en el sur de la Península como por las campañas militares cristianas, que se vuelven más asiduas y devastadoras. Entre 560/1165 y 567/1172 pasan a formar parte del nuevo reino portugués los territorios que se encuentran al norte del Alentejo y que corresponden, *grosso modo*, al término de Évora. Poco después, en el año 579/1184, tiene lugar la importante ofensiva conducida por Abu Ya'qub Yusuf, que trata de reconquistar Santarém. El *califa*, herido durante el combate, perece antes de llegar a Évora.

Si dejamos a un lado las incursiones de Sancho I en 584/1189 y las que Ya'qub al-Mansur dirigió en los años siguientes, nos damos cuenta de que los acontecimientos decisivos se desarrollan del año 613/1217 al 647/1250, y culminan con la conquista de lo que restaba del Alentejo y de todo el Algarve.

EL EXTREMO OCCIDENTE IBÉRICO

Cláudio Torres

Las fronteras geoclimáticas del Mediterráneo, cuna de las más antiguas civilizaciones marítimas y urbanas, encuadran los territorios y espacios en que se implantaron con fuerza el Imperio Romano, primero, y después el Islam. La civilización islámica no puede separarse de este contexto geográfico y cultural. No es posible explicar los cambios religiosos del siglo I/VII, con la fulgurante expansión musulmana, mencionando solamente las invasiones de pueblos originarios de Arabia y de otras tierras desérticas exteriores al mundo civilizado de las grandes ciudades marítimas. La islamización fue un proceso complejo que no puede disociarse de las tradiciones urbanas mediterráneas, en las que por entonces los sistemas religiosos, sobre todo el cristianismo, se veían sacudidos por graves cismas teológicos. La nueva mística religiosa, la búsqueda de los orígenes, la buena nueva del Corán, fueron asimiladas y difundidas en los ambientes ciudadanos y mercantiles, y no, ciertamente, impuestas a filo de espada por escuadrones militares de profesionales de la guerra.

Si aceptamos estos supuestos, podremos enmarcar mejor los fenómenos políticos, sociales y artísticos que tuvieron lugar durante los siglos del Islam ibérico, y que definen una civilización y un estilo propio e irrepetible.

Tradicionalmente, se contaba que la historia de la Península Ibérica había estado determinada por la invasión de las tropas de Tariq en el año 92/711 y la mítica batalla de Guadalete, tras la cual las huestes de la cristiandad, derrotadas por los sarracenos, se habrían visto obligadas a refugiarse en las montañas del norte. Hoy, sin embargo, en la explicación de un proselitismo religioso tan rápido y eficaz que en media docena de años se propagó a casi toda la Península Ibérica, las investigaciones arqueológicas y, de un modo general, la historiografía más reciente tienden a restar valor a los hechos militares (se recalca principalmente el asentamiento como pobladores de muchos desmovilizados), poniendo de relieve sobre todo un fenómeno de contaminación y síntesis cultural encabezado por marineros, mercaderes y arrieros, que aprovecharon la apertura de las grandes rutas marítimas y el desarrollo de las ciudades. En vez de escenarios urbanos destruidos o arruinados, en vez de cicatrices dejadas por la imposición de nuevas formas de vida y civilización, se aprecia, a partir del siglo III/IX, un proceso generalizado de resurgimiento de las ciudades. Se acentúa un acercamiento, ya antes perceptible, a las modas arquitectónicas o decorativas del antiguo Oriente bizantino —donde, entre tanto, Damasco se había afirmado como capital— y del África proconsular

Cuenco con escena de caza, siglo V / XI, Museo de Mértola.

(actual Túnez). De hecho, por lo menos en lo que respecta a la Península Ibérica y en virtud sobre todo de la información arqueológica, la primera gran ruptura cultural claramente visible en esta sucesión de hechos en el Mediterráneo no acontece a finales del siglo I/p. VIII —momento de las grandes invasiones agarenas según la tradición— sino en los años de la Reconquista, cuando se introdujeron en las tierras del sur los primeros elementos extraños de una nueva estructura social que, de forma general, calificamos de feudalismo.

La islamización de la Península Ibérica, al contrario que en una imposición militar, fue resultado, en primer lugar, de la rápida conversión de las poblaciones urbanas más abiertas al intercambio de mercancías e ideas, lo que, naturalmente, acompañó e incentivó la apertura de nuevas rutas y mercados, con un evidente incremento de la cantidad y variedad de productos y utensilios. La importación, a veces de muy lejos, de tejidos, cerámica, armas y metales labrados, además de alimentar nuevos gustos y apetencias, vino también a alentar la producción local, que, aunque tomara como referencia los modelos iniciales, al poco tiempo se hizo más autónoma, adoptó lenguajes estéticos innovadores y consolidó circuitos regionales. A pesar de una relación frecuente entre el Oriente mediterráneo y al-Andalus —como se refiere en la conocida documentación del siglo V/XI depositada en la Genizah de El Cairo— uno de los mayores centros abastecedores de los mercados de al-Garb parecen haber sido las regiones de Túnez y Kairuán, que durante los siglos III/IX y IV/X recuperaron su importancia como centros religiosos y culturales. En el Mediterráneo occidental, el intercambio

Capitel de mármol, siglo IV/X, Museo Nacional de Arqueología, Lisboa.

económico y los lazos culturales eran en esa época tan intensos como en los tiempos de San Agustín (siglo V), cuando los modelos arquitectónicos y decorativos del arte cristiano de la antigua Cartago sirvieron de patrón para las basílicas y los baptisterios de la Hispania meridional.

Solo a partir de los siglos IV/X y V/XI, la franja costera del oeste de Argelia y las actuales ciudades portuarias de Ceuta o Tánger comienzan a desarrollarse por influencia de Córdoba y otras capitales de al-Andalus, que se había afirmado como centro polarizador de toda la región. Atravesar el golfo del Algarve o el mar de Alborán, entre Faro y Arzila o Almería y Argel, pasa a ser más fácil y rápido que viajar, por ejemplo, entre Tavira y Lisboa, travesía en que se interponían los mares agitados y los vientos adversos del cabo de San Vicente. En el oeste peninsular, Garb al-Andalus se presentaba como heredero natural de la antigua Lusitania. Sus fronteras con los territorios de Córdoba y Sevilla coincidían con los extremos de la provincia romana de la Bética. Uno de los fenómenos más innovadores de la islamización de al-Garb, y necesario

*Capitel e imposta,
siglo VII / XIII,
Museo de Mértola.*

*Capitel de mármol,
siglo IV / X,
Museo Nacional de
Arqueología, Lisboa.*

para su comprensión, reside en el papel desempeñado por las poblaciones autóctonas islamizadas a lo largo de los más de cinco siglos que duró el proceso. A mediados del siglo IV/m. X, la mayoría de la población de este extremo occidental peninsular no era aún musulmana, si bien estaba en rápido proceso de arabización, y ello nos lleva a pensar que el papel de los *mozárabes* en este contexto fue ciertamente mucho mayor de lo que hasta hace poco se admitía.

Adaptándose al nuevo orden, que al final favorecía a los poderes urbanos descentralizados, la vieja iglesia visigótica se había fragmentado en algunos obispados que, durante mucho tiempo, continúan siendo los interlocutores de las comunidades *mozárabes* en el diálogo no siempre hostil con alcaides y autoridades musulmanas.

Aun cuando cierta saña siguiera a la ocupación cristiana de los territorios del sur y más tarde los rigores de la Contrarreforma destruyeran otros muchos vestigios de la islamización, el proceso de extinción del Portugal árabe o mediterráneo ha encontrado siempre fuerte resistencia y, felizmente, nunca ha llegado a completarse del todo.

En este territorio, que más tarde será integrado en el reino de Portugal, no son muy abundantes los grandes monumentos áulicos o militares de época islámica. Incluso son pocos los restos materiales y utensilios de esta época depositados en los museos. Y aunque esta escasez sitúe a la región al margen de los grandes centros de la civilización andalusí, creemos que, en cambio, salió reforzada una cierta singularidad debido justamente a su exclusión de los circuitos cordobeses y a la notoria incorporación de motivos autóctonos.

Como es natural, estas particularidades no se manifiestan en templos y palacios, donde encontramos, siempre a escala provincial, el mismo lenguaje ornamental. Es en los volúmenes, en las técnicas de construcción, en los añadidos funcionales o decorativos de la arquitectura popular donde más profundamente quedó el recuerdo de la simbiosis andalusí. Sin ella resultaría inexplicable la explosión, en el siglo XVI, de la decoración *mudéjar*, el arte *manuelino* y las creaciones del gótico alentejano, en que se combinan armoniosamente osadas técnicas de abovedamiento y delicadas molduras con el sabio revestimiento polícromo del azulejo.

La huella más sutil del tiempo de los musulmanes, que puebla aún las noches de ensueño de los romances populares, arraiga en los sones dolientes de los coros alentejanos, en el trenzado preciso de las tejedoras de Coimbra, en las virtuosas cenefas pintadas de la cerámica de Redondo, en los aromas y sabores de un escabeche del Algarve.

Esta ruta por tierras de moras encantadas, que señala y abre algunos de los viejos caminos del sur, trata de destacar la profusión de pequeñas marcas que al final se entretejen, y definen el Portugal mediterráneo y la propia razón de ser de la civilización islámica.

En la tradición popular, muy viva todavía hoy, las piedras musgosas de un castillo, las ruinas altivas de un puente, un peñasco gigantesco del que brota un hilillo de agua cristalina, todo lo que es misterioso e inexplicable viene del tiempo de los musulmanes o está bajo el poder de una mora encantada.

Desde los tiempos de la derrota de los musulmanes, dice la leyenda siempre repetida que, en ciertas noches de luna llena, quien tenga la osadía de vagar por la sierra de Sintra o por los matorrales oscuros de la sierra del Buçaco verá salir de una ancha cueva, junto a un peñasco, a una hermosísima doncella vestida de blanco. A pasos apresurados, con una vasija en el costado, la joven de blanco se dirige a un manantial de aguas frías. Al volver con el cántaro en la cabeza, suena en el silencio el eco de un doloroso y contenido gemido de un tiempo que ya no volverá.

Lápida funeraria de mármol, siglo IV/X, IPPAR, Évora.

RECORRIDO I

El arte mudéjar

Cláudio Torres, Santiago Macias, Maria Regina Anacleto,
Ruben de Carvalho, Cristina Garcia, Paula Noronha

I.1 LISBOA
    I.1.a Museo de la Ciudad
    I.1.b Museo Nacional de
           Arqueología
    I.1.c Catedral
    I.1.d Castelo de São Jorge
    I.1.e Cerca Moura
    I.1.f Barrio de Alfama

           El fado

I.2 SINTRA
    I.2.a Palacio da Vila
    I.2.b Palacio da Pena
    I.2.c Castelo dos Mouros
    I.2.d Jardines y palacio de
           Monserrate

I.3 ALENQUER (opción)
    I.3.a Alenquer islámica

I.4 ÓBIDOS (opción)
    I.4.a Conjunto urbano

I.5 SANTARÉM
    I.5.a Museo Municipal de
           Santarém - São João de Alporão

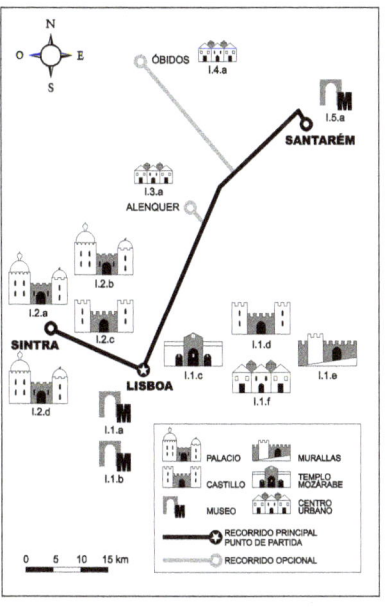

Palacio da Pena,
detalle, Sintra.

Castelo dos Mouros, Sintra.

El territorio que tenía su centro en Lisboa y del cual dependían en época islámica otras ciudades, como Alenquer, Sintra o Santarém, fue de los más profundamente islamizados de estas regiones occidentales. El vasto estuario del río Tajo, un auténtico mar interior que se prolonga por una densa red de canales navegables hasta Abrantes, Coruche o Tomar, fue la cuna de una población decididamente sedentaria que supo aprovechar y conjuntar las más avanzadas artes de la pesca y el cultivo de las ricas márgenes del Ribatejo con la más cuidadosa labor de huertas y frutales. Los diversos puertos de cobijo del Mar da Palha (Mar de la Paja) fueron, durante siglos, uno de los extremos de las rutas mediterráneas, y permitieron el intercambio de experiencias y técnicas navales cuando, a finales de la civilización islámica, comenzaron a abrirse las vías marítimas del golfo de Vizcaya y de los mares del norte. Parece que la conquista cristiana de mediados del siglo VI/ m. XII, por razones sin duda ligadas a la densidad demográfica, no afectó demasiado a las poblaciones ribereñas de pescadores y marineros, así como tampoco a los campesinos de las inmediaciones de Lisboa, que siguieron imprimiendo a esta región sus particularidades culturales. De esta manera, Lisboa y sus alrededores se beneficiaron de la más importante comunidad *morisca* hasta finales del siglo XV. Este sello *mudéjar*, además de manifestarse con fuerza en la toponi-

RECORRIDO I *El arte mudéjar*
Lisboa

mia y en la labor de huertas y jardines, vino a influir en las modas arquitectónicas de las artes palatinas del *manuelino* del siglo XVI e incluso, mucho más tarde, del revivalismo romántico.

C. T.

I.I LISBOA

A finales del siglo VI/f. XII Lisboa era ya, claramente, la mayor población de Garb al-Andalus. Si a las 15 ha de intramuros les sumamos los dos arrabales de Alfama y Occidente, tendremos un total aproximado de 30 ha de área urbana. Contando la densa población repartida por los suburbios y la orilla del río, no sería desatinado estimar la concentración demográfica en unas 20.000 ó 25.000 personas.

Como en otras ciudades portuarias semejantes, se perciben con nitidez los dos focos principales: en el punto más elevado del cerro se levantaba una *alcazaba*, el palacio residencial de una elite de cortesanos; en la ribera, formando la ciudad baja, se fue acumulando una profusión de pescadores, artesanos y comerciantes. Está ya confirmada su fusión en un único casco urbano a finales del siglo IV-p. V/p. XI.

Aparte de los palacios del alcaide o señor, el resto del espacio que dominaba la cima de la colina, hoy barrio de Santa Cruz, estaría ocupado por funcionarios palatinos. Por la parte occidental, en las inmediaciones de la Mezquita Mayor, se salía de la *medina* para penetrar en otro laberinto urbano que descendía rápidamente por la ladera hasta un entrante de mar que servía de fondeadero a la ciudad. En sus arenales, carpinteros y calafateadores construían y reparaban embarcaciones.

Por el lado de levante, en el lugar donde después de la conquista se construyó el monasterio de San Vicente, se extendía uno de los cementerios musulmanes, sin duda bordeando y superponiéndose a antiguas necrópolis paleocristianas. También en esta parte oriental, pero junto al río, se hallaban los negocios de plateros

Castelo de São Jorge, Lisboa.

RECORRIDO I   *El arte mudéjar*
Lisboa

Museo de la Ciudad, Lisboa.

y orfebres, de las sedas y los brocados. Eran las alcaicerías, en las que también se cobraban los impuestos aduaneros.

C. T.

I.1.a Museo de la Ciudad

Campo Grande, 245, tel.: 21 7571725/6/7. Acceso con entrada. Horario: de 10 a 13 y de 14 a 18; lunes y festivos cerrado.

El edificio en que está instalado el Museo de la Ciudad es una notable construcción de mediados del siglo XVIII (catalogada como Inmueble de Interés Público desde 1936) de la cual se desconocen tanto el arquitecto como la persona que le encomendó levantarla. Conocido actualmente como Palacio Pimenta (apellido de uno de sus antiguos propietarios), el inmueble fue adquirido por el Ayuntamiento de Lisboa en 1962 y alberga una exposición sobre la historia de la ciudad, organizada en núcleos temático-cronológicos.

Aun cuando la colección del periodo islámico está considerada poco significativa, merecen una llamada de atención una placa de la época del emirato (siglos III/IX-IV/X) y dos lápidas funerarias escritas en árabe.

Placa

Catalogada durante muchos años como visigótica, esta pieza, encontrada en la Rua dos Bacalhoeiros, se fecha ahora en un periodo posterior. Las similitudes con el arte de Oriente Próximo, y concretamente con elementos identificados en Jirbat al-Mafyar (Palestina), llevaron al historiador de arte Manuel Real a revisar la datación de esta placa e incluirla entre las producciones de un taller lisboeta especialmente activo durante el emirato.

Lápida funeraria n.º 1

Posterior a la reconquista de la ciudad, su emplazamiento original estaba en el

RECORRIDO I   *El arte mudéjar*
Lisboa

territorio portugués) presenta el siguiente texto: "En nombre de Dios, el Clemente, el Misericordioso. Bendiga Dios a Muhammad y a su familia. Este es el sepulcro de al-Abbas Ahmad Ibn [...] Murió] el primer lunes de Chawwal del año 800 de la Hégira. Que Dios se apiade de él".

Lápida funeraria, 800/1398, Museo de la Ciudad, Lisboa.

Lápida funeraria, siglos VI/XII-VII/XIII, Museo de la Ciudad, Lisboa.

Lápida funeraria n.º 2

Encontrada en la Rua das Madres (barrio de Madragoa), presenta semejanzas con la lápida de Frielas del Museo Nacional de Arqueología. Su datación es más bien tardía (VI/f. XII o incluso VII/XIII) y en ella se lee la siguiente inscripción coránica: "Todo lo que se halla en la tierra desaparecerá. Solo la faz de tu Señor permanecerá, aureolada de majestad y de nobleza".

S. M.

I.1.b Museo Nacional de Arqueología

Praça do Império, tel.: 21 3620000.
Acceso con entrada. Horario: de 10 a 18; lunes, 1 de enero, Pascua, 1 de mayo y 25 de diciembre cerrado.

barrio de la Mouraria (Morería) y fue encontrada en la Praça da Figueira en 1962, durante las obras de excavación del metro. Esta curiosa pieza de finales del siglo XIV (la más reciente que existe en

El Museo Nacional de Arqueología ocupa, desde finales del siglo XIX, parte del ala oeste del monasterio de los Jerónimos, edificio catalogado como Monumento Nacional desde 1907. Hasta hace cerca de dos décadas estuvo expuesta una colección permanente compuesta por materiales arqueológicos y etnográficos, y en la cual se reservaba un espacio para una pequeña muestra de piezas denominadas "lusoárabes". La exposición permanente

RECORRIDO I *El arte mudéjar*
Lisboa

Museo Nacional de Arqueología, Lisboa.

Lápida funeraria de Frielas, f. siglo VI/ f. XII-VII/XIII, Museo Nacional de Arqueología, Lisboa.

inaugurada en 1989 excluía esa área, relegando el pasado islámico a las reservas del museo. El ciclo de exposiciones temporales iniciado en 1994 culminó, en 1998, con la apertura al público de "Portugal Islámico. Los últimos signos del Mediterráneo".

En el trabajo de João Saavedra Machado publicado en 1964 sobre la historia de este museo (entonces llamado Museo Etnológico Dr. Leite de Vasconcelos), las referencias a los fondos islámicos se reducen al siguiente texto: "De esta época, el Museo Etnológico posee relativamente pocos objetos: esculturas (capiteles ornados y basas de columnas), frisos con adornos, una pila de fuente, lápidas con inscripciones, cerámica y utensilios de bronce".

Desde ese día pocos objetos más del periodo musulmán se han incorporado a una colección que era, básicamente, la heredada de los tiempos de Leite de Vasconcelos, el mayor etnólogo portugués de la primera mitad del siglo XX. Pese a lo escaso de este conjunto de materiales, comprende piezas de inigualable calidad, entre las que destacan la lápida funeraria encontrada en Frielas (Loures), la pila de Cacela y dos capiteles de época califal.

Lápida funeraria

Parte superior de un epitafio, sin fecha ni referencia al nombre del difunto. Data de finales del siglo VI/f. XII-VII/XIII. El tipo de arco que enmarca la inscripción siguió usándose en la región de Lisboa, según puede constatarse en las lápidas del Museo de la Ciudad.

RECORRIDO I *El arte mudéjar*
Lisboa

La lápida tiene escrito: "Eterno es Dios. Apiádate conforme a tu merced, oh Tú que todo lo dominas, y mira [con misericordia] el sitio al que se me ha mandado [...]".

Pila de abluciones

Pila datable en la segunda mitad del siglo VI/XII y que perteneció a la colección del arqueólogo Estácio da Veiga. De forma circular y con ocho lóbulos, esta rara pieza debió de utilizarse para las abluciones

Pila de abluciones de Cacela, s.m. siglo VI/XII, Museo Nacional de Arqueología, Lisboa.

Catedral, excavaciones en el claustro, Lisboa.

51

RECORRIDO 1 *El arte mudéjar*
Lisboa

Castelo de São Jorge, Lisboa.

rituales. Las letras, que se distinguen mal, debían de formar parte de una cita coránica.

S. M.

I.1.c **Catedral**

Largo da Sé, tel.: 21 8866752.
Acceso al claustro con entrada. Horario: de 9 a 17.

En las inmediaciones de la Porta Férrea se erguía la Mezquita Mayor de Lisboa, en el mismo lugar que hoy domina la Sé-Catedral empezada a construir después de la conquista de la ciudad en 539/1145. El templo musulmán, según descripciones de la época, tenía siete naves y, a juzgar por los elementos arquitectónicos que se reutilizaron, parece adaptación de una basílica anterior. Excavaciones arqueológicas llevadas a cabo recientemente en el interior del claustro gótico de la iglesia han sacado a la luz varios niveles de la ocupación histórica de Lisboa y también un anejo —posiblemente un lavatorio— de la mezquita. En este lugar se encontró, escondido en una canalización, un tesoro de monedas de plata acuñadas a finales del siglo v-p. VI/p. m. XII y que hoy está depositado en el Museo Nacional de Arqueología.

C. T.

I.1.d **Castelo de São Jorge**

Rua do Chão da Feira.
Horario: de 9 a 20.

RECORRIDO I   *El arte mudéjar*
Lisboa

En la descripción de la reconquista de Lisboa conocida como "Carta a Osberno", de mediados del siglo VI/m. XII, se lee: "Al norte del río está la ciudad de Lisboa, en lo alto de un monte redondeado, y sus murallas, descendiendo por tramos, llegan hasta la orilla del Tajo, de él separadas solo por el muro".

La *alcazaba* islámica, con amurallamiento propio, ocupaba una superficie de 4 ha en la cima de esta colina. Además de los palacios del alcaide y las dependencias de su corte, el resto del espacio, hoy barrio de Santa Cruz, estaría ocupado por viviendas de funcionarios y militares.

Siglos de sucesivas reocupaciones, de restauraciones, de terremotos y, a veces, de incuria han dejado a la vista en el castillo poco de la antigua fortificación de época islámica. De la *alcazaba* de aquel periodo quedan escasos restos, desaparecidos en gran parte durante los siglos XV y XVI, cuando grandes obras de remodelación fueron adaptando el aspecto general del edificio a los palacios reales y al gusto de sucesivos monarcas portugueses. Por ello, los principales elementos decorativos hoy dispersos por el recinto pertenecen, casi enteramente, a modelos arquitectónicos del siglo XVI.

De la muralla islámica sobreviven, en la zona orientada al norte (cerca de la iglesia del Menino de Deus), un pequeño trecho y un torreón, que pueden datarse en el siglo V/XI.

S. M. / C. T.

Seguir por la Rua do Chão da Feira y continuar luego por la Travessa do Funil. Bajar después por el Largo do Contador-Mor, torcer a la izquierda y seguir la línea del tranvía hasta el Largo de Santa Luzia.

I.1.e **Cerca Moura**

Tramo junto a la iglesia del Menino de Deus, en la Calçada do Menino de Deus.

En el interior de una enorme muralla que en el siglo XIV rodeaba toda la ciudad, es visible aún hoy la vieja Cerca Moura (Muralla Mora), que a finales del siglo IV-p. V/p. XI unificó la *alcazaba* y los barrios ribereños. La fusión en un único casco urbano se reforzó con 2 km de muralla de buenos sillares y sólidas torres cuadrangulares.

La *alcazaba*, como hemos dicho, ocupaba la cima de la colina. Por el oeste se salía de la *medina* por la monumental Porta Férrea. Bordeando los arrabales de ese

Cerca Moura, Lisboa.

RECORRIDO I *El arte mudéjar*
Lisboa

*Calle de Alfama,
Lisboa.*

lado occidental, hacia el norte, se llegaba a la Porta da Alfofa (del Postigo). La Porta do Mar daba a los arenales de la playa.
En el lado oriental se abría la llamada Porta do Sol o del *Almacabra* y, más pegada al río, una gran torre albarrana protegía la puerta del barrio de Alfama.
De este amurallamiento quedan bastantes tramos originales, entre los que se destacan las cortinas y los torreones de la *alcazaba* que miran a levante junto a la iglesia del Menino de Deus y la base de la capilla de Santa Lucía.

C. T.

Bajar por la Calçada do Menino de Deus y seguir la línea del tranvía hasta las Portas do Sol.

I.1.f **Barrio de Alfama**

Desde la Porta do Sol, bajar por la Rua Rosa Araújo, torcer a la derecha y seguir por la Rua de São Miguel, girar a la izquierda en el Beco do Mexias y otra vez a la izquierda para seguir por la Rua de São Pedro, pasando por el Largo do Chafariz de Dentro hasta llegar a Chafariz d'el Rey.

En una laberíntica maraña de calles estrechas y escalinatas, el caserío de Alfama desciende en cascada hasta el río. Este barrio, donde se impuso la tradición mediterránea de las *medinas* apretadas, es hoy uno de los más característicos de Lisboa y, desde luego, el que más carácter confiere a la ciudad. Su nombre proviene de la palabra árabe para "termas": *al-hama*. De hecho, hasta hace pocos años brotaban en este lugar aguas calientes que las mujeres utilizaban para lavar ropa. En época islámica, era este un barrio extramuros de pescadores y artesanos, que se comunicaba con el interior por la Porta de Alfama.

C. T.

EL FADO

Ruben de Carvalho

Casa do Fado e da Guitarra Portuguesa. Largo do Chafariz de Dentro, 1, Alfama, tel.: 21 8823470.
Horario: primavera-verano de 10 a 18; otoño-invierno de 10 a 17; martes y 1 de enero, 1 de mayo y 25 de diciembre cerrado.

En las laderas del Castelo de São Jorge, los barrios de Alfama y la Mouraria (Morería) constituyen el tejido urbano más antiguo de Lisboa y el que mejor resistió a la destrucción de la ciudad en el terremoto de 1755. En Alfama, que asegura desde época romana la unión entre la fortaleza y el río, y la Mouraria, que se abre a los campos del norte y de poniente, la presencia árabe se manifiesta ya en sus nombres, cuya supervivencia hasta hoy revela el carácter multicultural que históricamente asumieron al acoger poblaciones cristianas, musulmanas y judías.

La importancia del puerto de Lisboa, especialmente a partir del siglo XV, ahondó aún más este carácter, no solo por el movimiento de tripulaciones, sino también por el asentamiento, sobre todo en Alfama, de una significativa población negra de esclavos y libertos provenientes de África y Brasil.

Esta encrucijada de influencias en el característico ambiente de una ciudad portuaria originó expresiones propias de cultura urbana, entre las que sobresale el *fado*, manifestación musical nacida en los barrios populares lisboetas.

La relación entre Alfama y el puerto se siente profundamente en el principal centro del barrio, el Largo do Chafariz de Dentro, cuyo nombre se debe a la fuente que aún existe, situada en el interior de la antigua muralla y cercana a la Puerta del Mar que daba a la orilla del río.

En esta plaza, en el edificio denominado Recinto da Praia, se instaló la Casa del Fado y de la Guitarra Portuguesa, un local museístico de animación cultural dedicado al fado. A través de una sucesión de ambientes recreados con medios audiovisuales, se invita al visitante a conocer la historia del fado, sus lugares de producción, su divulgación a través del género teatral de la revista, la radio y el disco, su incorporación al cine, sus grandes intérpretes e instrumentistas. El recorrido por las callejuelas y los arcos de la ladera de Alfama, desde el castillo encaramado a lo alto de la colina hasta la Casa del Fado, es como un recorrido por la cultura popular lisboeta, profundamente sedimentada en el secular diálogo de razas y culturas.

Casa del Fado y de la Guitarra Portuguesa, Lisboa.

RECORRIDO I   *El arte mudéjar*
Sintra

I.2 **SINTRA**

Oficina de Turismo: Praça da República, 23, tel.: 21 9231157.

Sintra figura en muchas descripciones de geógrafos árabes como dependiente de Lisboa. Aparte de los pequeños pueblos que se benefician de las tierras fértiles de los valles, los puntos principales de la comarca son el Castelo dos Mouros (Castillo de los Moros) y el recinto del actual Palacio da Vila (Palacio de la Villa). En lo alto de la sierra, un largo perímetro amurallado —que una intervención de época romántica rehízo en buena parte— defendía una pequeña población y serviría también de refugio temporal. Dado su clima placentero, sus frondosos bosques y su abundancia de agua, Sintra parece haber servido siempre como lugar de veraneo y entretenimiento para los señores de Lisboa, antes y después de su incorporación al reino de Portugal.

En toda la zona permaneció una densa comunidad *morisca*. Se sabe, por un documento que atestigua su donación a un particular por parte de D. Manuel, que a finales del siglo XV existía aún en Colares un cementerio *morisco*.

En pleno romanticismo europeo, que agitó el siglo XIX, Sintra se sumó al movimiento revivalista, durante el cual muchos de los restos históricos del lugar se fundieron con las visiones de un exótico Oriente, a la sazón en proceso de conquista y asimilación por las potencias coloniales. Así, el Palacio da Pena (Palacio de la Peña) surgió como fruto del voluntarismo de un príncipe consorte de origen alemán, y el pabellón de Monserrate sería incomprensible sin las veleidades indio-moriscas por entonces de moda en medios aristocráticos británicos.

C. T.

Castelo dos Mouros y Palacio da Pena, Sintra.

I.2.a **Palacio da Vila**

Largo Rainha D.ª Amélia, tel.: 21 9106840. Acceso con entrada. Horario: de 10 a 13 (última entrada a las 12:30) y de 14 a 17 (última entrada a las 16:30); miércoles y festivos cerrado.

Rodeado por las casas de la actual villa de Sintra y ocupando todo un pequeño cerro que se alza en uno de los valles más exuberantes de la sierra, el Palacio da Vila se destaca por lo insólito de su juego de volúmenes. Antiguamente, el lugar era un

RECORRIDO I *El arte mudéjar*
Sintra

Palacio da Vila, Sintra.

pequeño poblado fortificado donde se refugiaban en caso de peligro los habitantes de los alrededores. En época islámica, esta pequeña fortificación, que en un primer momento siguió desempeñando la misma función, debió de sufrir, a finales del siglo V/f. XI, algunas obras para adaptar el área de intramuros a funciones de ocio y casa de campo. Aunque no se tengan pruebas arqueológicas de ello, lo sugiere su uso sistemático por las reinas de la primera dinastía portuguesa. En los siglos XV y XVI se hicieron grandes obras de adaptación palatina, por lo que el gusto *morisco* domina todo un conjunto de volúmenes enlazados y yuxtapuestos, síntesis arquitectónica de rara armonía. Pequeños patios de aguas murmurantes y la policromía suave de los azulejos hacen del interior una de las más bellas ensoñaciones del arte *mudéjar* y de toda la arquitectura portuguesa.

C. T.

Seguir la Estrada da Pena.

I.2.b **Palacio da Pena**

Estrada da Pena, 2 km al sur de Sintra. Desde allí salen minibuses al Palacio, tel.: 21 9105340. Acceso con entrada. Horario: invierno de 10 a 17; verano (junio a septiembre) de 10 a 18:30; lunes y festivos cerrado.

En lo alto de la sierra de Sintra, donde se encontraba el monasterio del siglo XVI de Nossa Senhora da Pena (Nuestra Señora de la Peña), D. Fernando II construyó su legendario palacio, emblema de la personalidad del rey y también del romanticismo vigente.
Al comprarlo, en 1838, el monarca solo pretendía reparar el convento, pero terminó por construir un palacio encastillado que, en una primera fase, no siguió ningún plan rector; con todo, cerca de dos años más tarde, Su Majestad resolvió "que el convento se transformase en palacio encastillado, siguiendo el estilo árabe mixto o *manuelino* que primitivamente tenía".

RECORRIDO 1   *El arte mudéjar*
Sintra

Palacio da Pena, Sintra.

En 1842, el rey, después de construir fuertes paredones, coronados por una elegante arquería que se inscribía en un lenguaje neomorisco, mandó ensanchar la explanada de entrada de la capilla y, para que la ahora denominada Terraza de la Reina fuera más extensa, hizo levantar en el paramento "vistosas arcadas de estilo árabe", de modo que se formaran galerías abiertas.

En el portón de entrada, tras el que hay un puente levadizo, encontramos símbolos que subrayan su función de "antecámara" destinada a preparar al visitante para la comprensión del delirio, onírico o real, del pórtico alegórico de la creación del mundo, situado un poco más arriba, en la fachada noble del "palacio nuevo".

El proyecto de la obra fue dibujado, globalmente, por el ingeniero Ludwige Eschwege, pero el monarca alteró significativamente la decoración, y da la impresión de que la propuesta del alemán quedó al margen.

El pórtico llamado del Tritón o de la "alegoría de la creación del mundo" presenta una simbología estrechamente ligada a la vida, ya se tome en el sentido físico o en el espiritual, y comunica con el patio de los Arcos a través de un pasadizo de gran exotismo y con "un elegante techo de gusto árabe, que imita estalactitas naturales".

En el alzado de la fachada que da a dicho patio está la famosa ventana inspirada en la de la sala capitular del convento de Cristo (Tomar), salida ciertamente del lápiz fernandino y que muy bien puede considerarse como la partida de nacimiento del neomanuelino.

RECORRIDO I *El arte mudéjar*
Sintra

D. Fernando no se contentó con trasponer este estilo al palacio, sino que amalgamó elementos orientales, *moriscos*, indios y marítimos con una irregularidad compositiva muy gratificante para los espíritus románticos.

Interiormente, la decoración de las diversas dependencias del palacio parece haberse llevado a cabo sin ninguna preocupación de orden programático, pero lo cierto es que por entonces estaba de moda el contraste entre los estilos utilizados en las diferentes estancias y el eclecticismo disponía de un amplio abanico de opciones, si bien siempre condicionado por la búsqueda de comodidad.

El edificio de D. Fernando no apareció por simple casualidad sobre esta cima rocosa; hay que entender su construcción en un sentido mucho más amplio.

M. R. A.

I.2.c Castelo dos Mouros

Estrada da Pena, sierra de Sintra,
tel.: 21 9247200.
Horario: invierno de 9:30 a 17; verano de 10 a 18; 1 de enero y 25 de diciembre cerrado.

Coronando la sierra de Sintra y delimitando un área de 4 ha, se puede ver hoy una larga cortina de murallas almenadas con sus torreones cuadrangulares. Queda poco de esta población fortificada, todavía

Palacio da Pena, Sintra.

Castelo dos Mouros, Sintra.

RECORRIDO I *El arte mudéjar*
Sintra

Palacio de Monserrate, panorámica del jardín, Sintra.

habitada en el siglo V/XI y que ciertamente servía también de refugio temporal a los pastores y sus rebaños. El príncipe regente D. Fernando II, el mismo que a mediados del siglo XIX reconstruyó en las inmediaciones el Palacio da Pena, fue también el autor de la escenografía romántica que hoy envuelve estas bellas ruinas. Los adarves, escalinatas y parapetos fueron adaptados a un recorrido que permite disfrutar de paisajes de rara belleza.

C. T.

I.2.d Jardines y palacio de Monserrate

Estrada de Monserrate, tel.: 21 9231201. Solo es posible visitar los jardines; el palacio se encuentra cerrado.
Acceso con entrada. Horario: de 9 a 18; de octubre a marzo cierra a las 17; 1 de enero, Pascua, 1 de mayo y 25 de diciembre cerrado.

El palacete neogótico que perteneció a De Visme, hugonote inglés descendiente de una noble familia francesa que se trasladó a Lisboa en 1746, y a Beckford, escritor nacido en Fonthill House (Wiltshire) en 1760 y que vivió algunos años en Portugal, dio paso, con los años, al "bárbaro orientalismo existente en el actual Monserrate, construido por el vizconde Cook llevado por un delirio morisco".

Francis Cook, cuando se dispuso a reconstruir la vieja casona, se hizo acompañar por el arquitecto londinense James T. Knowles padre, que en 1858 elaboró el proyecto del que surgiría una estructura vagamente emparentada con fórmulas *moriscas* e indias. El palacete, oblongo, presenta una estructura central cúbica con dos torres en los extremos, redondas y rematadas con elegantes cúpulas que recuerdan flores de loto estilizadas y le confieren un singular exotismo.

Las aberturas que se hallan en las blancas paredes exteriores de Monserrate, y que contrastan con las cúpulas rojas, muestran, sobre el dintel, "banderas" ojivales llenas de afiligranados arabescos de piedra.

En el interior del palacete, la galería que lo atraviesa adquiere aspectos de sorprendente belleza, y los arcos, que forman un sistema de iluminación natural muy sofisticado para la época, se suceden creando zonas alternas de luz y sombra que hacen resaltar, de manera asombrosa, los ricos dibujos de los estucados.

Cuando, a través del alpende exterior que da al parque, se entra en esta alucinación caprichosa, antes de alcanzar el atrio octogonal es forzoso pasar por más arquerías fabulosas de estuco y contemplar la ornamentada escalinata que lleva al piso superior. Antes de llegar al salón de música, verdaderamente ofuscante a juzgar por los restos que se conservan, estaba la deslumbrante sala antaño revestida de espejos venecianos, con las dos chimeneas de mármol blanco y el cristal de Bohemia de hechizantes brillos.

En Monserrate, Sir Francis Cook no se limitó a "erigir en un arrebato quiméricas fantasías arquitectónicas y escultóricas" y a "adornar con los más preciosos primores del arte los salones y galerías de aquella encantadora mansión", pues también se ocupó del parque y los jardines, a los que dio un carácter científico cuyos mentores debieron ser William Colebrook Stockdale, el pintor paisajista romántico que estuvo varias veces en Portugal, y Thomas Cargill, un médico lisboeta amigo del propietario, sin olvidar la ayuda prestada por William Nevril, especialista en el campo de la botánica. Todos ellos fueron secundados por el jardinero inglés Francis Burt, que murió en Portugal en 1877.

La maravillosa casa palaciega de Monserrate logra una unidad tan perfecta con el extraordinario parque que la rodea, que no puede dejar de provocar la admiración de quienes tienen el privilegio de conocerla.

M. R. A.

Para Santarém, retomar el trayecto de la IC19 en dirección a Lisboa y continuar por la A1 en sentido Santarém/Porto.
Para Alenquer, volver a Lisboa, coger la A1 hasta Carregado y proseguir entonces en dirección a Alenquer.

Para Óbidos, seguir la A9/CREL hasta Loures, continuar por la A8-IC1 en dirección a Torres Vedras/Caldas da Rainha y salir en Óbidos.

Parque Natural de Sintra/Cascais
A un paso de Lisboa, el Parque Natural de Sintra/Cascais ofrece el primer "paisaje cultural" catalogado como Patrimonio Mundial. Quien lo visita en nuestros días retrocede hasta los tiempos más remotos en que fue moldeada la vida humana o esta moldeó un paisaje diversificado y lleno de encantos.
El clima peculiar de la sierra de Sintra, curiosa erupción volcánica ocurrida hace 80 millones de años, la envuelve en una bruma permanente, lo que da origen a una vegetación densa y verde, pacientemente trabajada por la mano humana. Sintra, conocida desde la época clásica como "Monte de la Luna", fue refugio de reyes, poetas, eremitas y aristócratas que edificaron palacios, palacetes, quintas, casas de campo, conventos y capillas, cercados todos de parques con plantas traídas de los cuatro rincones del mundo. Al norte, las comunidades humanas ocuparon las vegas de los ríos, edificaron pequeños poblados y compartimentaron el paisaje en viñas, huertas y tierras de árboles frutales con muros de piedra o setos vivos de cañizo y caña, pasando a ser conocida como la región "saloia". En el litoral costero, el cabo da Roca, "donde la tierra acaba y empieza el mar", es el punto más occidental de Europa. De la variedad de especies botánicas que aquí se dan, la Armeria, Pseudoarmeria y la Silene cintrana son exclusivas de estos escarpados acantilados, sobrevolados por aves marinas y de rapiña como el cormorán moñudo y el halcón peregrino. En la costa pueden contemplarse también las dunas fósiles de Magoito y Oitavos, y playas arenosas a las que han dado forma los fuertes vientos de la zona de Guincho e Raso. No hay que perderse, en la visita al Parque Natural de Sintra/Cascais, el convento de

RECORRIDO I *El arte mudéjar*
Alenquer

Castillo, torre coraza, Alenquer.

los Capuchinos, la Adega (bodega) de Colares, Azenhas do Mar, el trayecto entre el cabo da Roca y la playa de Adraga

C. G. / P. N.

Centro de información: Rua General Alves Roçadas, 10 - 2.º, 2710 Sintra, tel.: 21 9235116/66.

I.3 **ALENQUER** (opción)

I.3.a **Alenquer islámica**

Información: tel.: 263 730900.
Museo Municipal Hipólito Cabaço, tel.: 263 730906.

En tiempos del Islam, la pequeña ciudad de Alenquer, ubicada junto a un canal navegable del Tajo, formaba parte de la red de centros urbanos unidos a Lisboa por un intenso tráfico fluvial. Con Arruda, Xira, Azambuja y Benavente, se repartía las tierras de cereales de Ballata que traían a la capital sus productos, y aprovechaba y controlaba asimismo las rutas comerciales que nacían en Coruche, Tomar o Santarém.

Por falta de información arqueológica, no puede adivinarse ninguna estructura anterior a las notables intervenciones de la Baja Edad Media y, sobre todo, del Renacimiento, que imprimieron al lugar cierta monumentalidad. En el amurallamiento de la *medina* —un área intramuros densamente poblada que ronda las 5 ha— se observa una monumental torre coraza, cuyos cimientos pudieron pertenecer al sistema defensivo de época musulmana.

RECORRIDO I · *El arte mudéjar*
Óbidos

Al contrario que en el castillo, donde solo una futura excavación arqueológica podrá mostrar los cimientos, hoy se pueden visitar las cortinas de la muralla y la torre coraza unida a ellas. Un pequeño museo arqueológico guarda objetos de cerámica, principalmente del siglo XIV y algunos de época islámica.

C. T.

Para dirigirse a Óbidos, ir por la Estrada 9 en dirección a Torres Vedras y allí coger la A8-IC1 hasta Óbidos.
Para Santarém, volver a la autopista A1 y seguir en dirección Santarém / Oporto.

I.4 **ÓBIDOS** (opción)

I.4.a Conjunto urbano

Oficina de Turismo: Rua Direita, tel.: 262 959231.

Antes del aluvión generalizado que modificó toda la costa atlántica de Portugal a partir de finales de la Edad Media, la laguna de Óbidos, hoy confinada a la zona costera, tocaba prácticamente la falda del cerro, donde prosperaba una zona portuaria a la sombra de la imponente silueta del castillo y de la villa fortificada. Además de algunas pruebas arqueológicas, el hecho de que el topónimo Óbidos sea evolución directa de la voz latina *opidum*

Castillo y conjunto urbano, Óbidos.

63

RECORRIDO I *El arte mudéjar*
Santarém

Castillo y ribera, Santarém.

demuestra la existencia en este mismo lugar de una fortaleza anterior a las actuales construcciones medievales. La documentación escrita refiere su conquista por el primer rey de Portugal unos años después de la toma de Lisboa, y ya por entonces la población estaba fuertemente amurallada. Sin ninguna referencia directa a la época musulmana —a excepción de unos posibles cimientos de la Torre do Facho (Torre de la Antorcha)— hay que destacar en esta villa su conjunto urbano de excepcional importancia. Todo el casco histórico, bien conservado en su trazado viario y arquitectónico, está relacionado con la tradición mediterránea.

C. T.

Seguir la IP6 en dirección a Rio Maior y continuar por la Estrada 114 hasta Santarém.

I.5 SANTARÉM

Oficina de Turismo: Rua Capelo e Ivens, 63, tel.: 243 304437.

La ciudad de Santarém (la antigua Scalabis, sede de un *conventus* romano) domina la inmensa campiña ribatejana, el antiguo territorio de Ballata, mencionado y alabado desde siempre por los cronistas romanos y árabes. El sistema de cultivo de estas tierras, cíclicamente inundadas

RECORRIDO I *El arte mudéjar*
Santarém

por el río, fue comparado por el cronista al-Himyari a los lodos del Nilo.

Santarém estaba dividida, por lo que parece, en tres núcleos bien diferenciados. La *alcazaba*, sin duda amurallada y con tres puertas, se prolongaba hasta la zona de São João de Alporão. Junto al Tajo, rodeando la iglesia de la patrona —Santa Irene—, fueron creciendo los arrabales de Alfange y, principalmente, Ribeira, que formaron el núcleo más importante de la ciudad islámica.

La continuación de este importante culto cristiano, del que da fe el propio nombre de la ciudad —Xantarín—, indica que debió de permanecer un grupo importante de población *mozárabe*, sobre todo en las zonas ribereñas.

Capitel de mármol blanco, siglo VI/XII, Museo Municipal de Santarém, São João de Alporão.

C. T.

I.5.a Museo Municipal de Santarém - São João de Alporão

Largo Zeferino Sarmento, tel.: 243 304440. Acceso con entrada. Horario: de 9:30 a 12:30 y de 14 a 17:30; lunes y festivos cerrado.

Conservados hoy en São João de Alporão, destacan tres capiteles de los que hay referencias desde finales del siglo XIX. Se atribuyen a las épocas califal (dos de ellos) y almorávide. Los más antiguos son piezas finamente labradas, en las que es perceptible una progresión del geometrismo a partir de los modelos clásicos de volutas corintias y hojas de acanto. El ábaco, sin embargo, empieza a estar ocupado por un complejo entrelazado abstracto. Este sistema decorativo nos lleva a sugerir su encuadramiento en una fase poscalifal, y es probable que correspondan al siglo VI/XII. Teniendo en cuenta las cartelas epigráficas con invocaciones religiosas, estos capiteles pertenecieron seguramente a una mezquita, de la cual son el único testimonio.

C. T.

RECORRIDO II

Entre moros y mozárabes

Cláudio Torres, Maria Adelaide Miranda, Mário Pereira, Santiago Macias

II.1 COIMBRA
    II.1.a Museo Nacional Machado de Castro
    II.1.b Arco de Almedina
    II.1.c Murallas y urbe islámica

II.2 LORVÃO
    II.2.a Monasterio

Apocalipse do Lorvão

II.3 LOUROSA
    II.3.a Iglesia mayor de San Pedro

II.4 AVÔ (opción)
    II.4.a Castillo

II.5 PIÓDÃO (opción)
    II.5.a Conjunto urbano

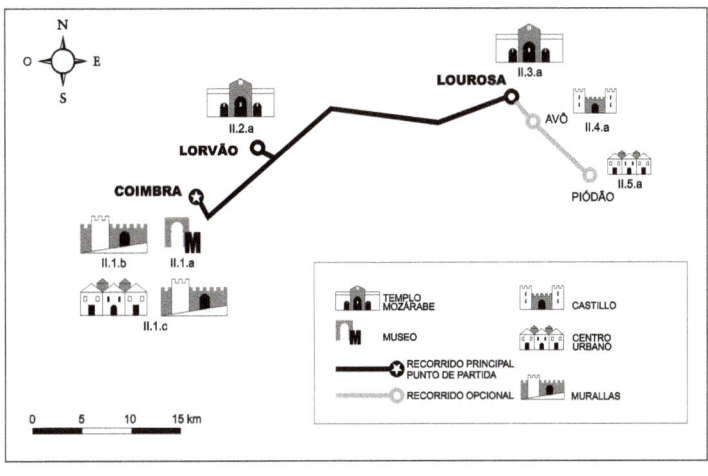

Iglesia mayor de San Pedro, Lourosa.

RECORRIDO II *Entre moros y mozárabes*
Coimbra

Museo Nacional Machado de Castro, puerta mozárabe, Coimbra.

La línea del Mondego, como antigua entrada de mar, y sobre todo las tierras alagadizas y fértiles que cercan la ciudad de Coimbra y se extienden hasta la fortaleza de Montemor forman un territorio perfectamente coherente, una especie de isla mediterránea en la ondulación montañosa que sirve de contrafuerte al sistema central ibérico. Atravesados en sentido norte-sur por la vía romana que unía el valle del Tajo con las ciudades de Oporto y Braga, los campos del Mondego siempre han alimentado a una población muy sedentaria y poco inclinada a cambios apresurados impuestos por conquistadores. Así se explica su testarudo mozarabismo en los periodos de influencia musulmana, al igual que su tradicional apego a las tradiciones mediterráneas bajo la ocupación militar de los señores feudales venidos de las ásperas montañas del norte. La población de Coimbra parece haber sabido negociar y mantener su autonomía en los tiempos de las campañas militares de los ejércitos islámicos, y más tarde, a principios del siglo XII, ya bajo el dominio cristiano impuesto por la jerarquía papal, desencadenó violentas revueltas urbanas con la finalidad de imponer sus tradiciones litúrgicas *mozárabes*. En las planicies fértiles del Mondego y en los valles y laderas abrigadas de sus afluentes se ha mantenido hasta hoy una población ligada a las tradiciones mediterráneas e islámicas, ya sea en la toponimia, en los hábitos alimentarios, en la tejedura o incluso en las técnicas de construcción.

Fue en esta ciudad, y en su región, donde se hizo la síntesis entre el norte y el sur y donde, en cierto modo, se templó el fugaz espíritu de tolerancia que presidió los inicios del reino de Portugal.

C. T.

II.1 COIMBRA

Oficina de Turismo: Largo da Portagem, tel.: 239 855930.

"La ciudad de Coimbra es muy fuerte: es un castillo muy excelente. Está situada sobre el Mondego, que tiene su fuente en la sierra de Estrella y pasa al pie de varios castillos que dependen de Coimbra. Este río se lanza al mar a 24 millas de Coimbra; es muy pesquero, con peces de muchas especies. La ciudad de Coimbra es bella y está dotada de diferentes bondades; posee en la margen del río una

RECORRIDO II *Entre moros y mozárabes*
Coimbra

vega muy buena para el cultivo, sin siquiera ser regada. Cuando el río se sale de su lecho, cúbrela por entero. Después, cuando se retira, siémbrase el grano tan bien que los habitantes cogen trigo para todo el año y para el año siguiente, si bien la vega no tiene más que 15 millas de largo por 4 de ancho. La ciudad de Coimbra tiene muchos vergeles que rinden bien e innúmeros olivares que dan un aceite muy bueno. Coimbra es una tierra antigua."
Así describía el cronista al-Razi la ciudad del Mondego en el siglo IV/X.
Coimbra puede considerarse la ciudad de características mediterráneas situada más al norte en el occidente peninsular, y en época musulmana abarcaba un área aproximada de 10 ha amuralladas donde vivían entre tres y cuatro mil habitantes. Asentada sobre un cerro que domina las huertas del Mondego, su territorio se extendía hasta el mar, en cuyas inmediaciones se situaba la imponente fortaleza de Montemor-o-Velho.
Una *alcazaba* monumental, con un barrio anejo, dominaba la cima de la colina, donde hoy se yerguen la Universidade Velha y el conjunto de facultades modernas. Junto al río, en la parte alta y a lo largo de una calzada que continuaba hacia el norte, había crecido un populoso barrio de pescadores, comerciantes y artesanos al que daba acceso la Porta de Almedina. La fortaleza señorial de Avô y la aldea de Pódão constituyen los ejemplos más significativos de la permanencia *mozárabe* en la región.

C. T.

II.1.a **Museo Nacional Machado de Castro**

Largo Dr. José Rodrigues, tel.: 239 823727. Acceso con entrada. Horario: de 9:00 a 12:30 (entrada hasta las 12) y de 14 a 17:30 (entrada hasta las 17); lunes y festivos cerrado.

Este importante museo nacional instalado en los antiguos Palacios Episcopales se asienta sobre la plataforma artificial creada por un monumental foro romano. Junto a una de las más significativas

Coimbra.

RECORRIDO II *Entre moros y mozárabes*
Coimbra

Museo Nacional Machado de Castro, puerta mozárabe, Coimbra.

colecciones de arte cristiano de nuestro país, hay expuesto un capitel de fina y detallista esculpidura y de inequívoca datación califal (siglos IV/X-V/XI). En el mismo lugar, y también originarios del castillo de Montemor-o-Velho, se guardan dos fragmentos de una decoración en yeso y cal, con motivos semejantes a los que se encontraron en la Aljafería de Zaragoza y que datan del siglo V/XI. Otro capitel de volutas corintias, también de época califal y procedente del mismo pueblo fortificado, está depositado hoy en el Museo de Évora, adonde fue llevado a finales del siglo XIX.

C. T.

La puerta mozárabe

Conquistada la ciudad en 456/1064 e incorporada al Condado Portucalense, en ella permaneció, no obstante, una gran comunidad *mudéjar* cuyo poder no sería cercenado de forma definitiva hasta finales del siglo V-p. VI/p. XII. La capacidad y el prestigio de ese grupo influyeron de forma determinante, ciertamente, en el gusto local. La supuesta puerta doble del antiguo palacio episcopal —a la que hay que atribuir una función semejante en una muralla anterior de la ciudad islámica— se remodeló sin duda después de la conquista cristiana. Con sus decorados arcos de herradura con alfiz, esta puerta comparte los rasgos de la estética arquitectónica de los contemporáneos imperios magrebíes.

C. T.

Seguir por la Rua Borges Carneiro, pasar el Largo da Sé Velha y bajar por la Rua do Quebra-Costas hasta llegar al Arco de Almedina.

II.1.b **Arco de Almedina**

Rua do Quebra-Costas.

Puerta principal de la *medina*, se abría directamente al río, cuyo canal navegable pasaba entonces cerca de la actual Rua Ferreira Borges. En la zona de Portagem, un antiguo puente romano —hoy enterrado por las arenas— permitía atravesar la vía que unía Lisboa con las tierras del norte. En las paredes laterales de la Porta de Almedina, que sigue dando acceso al interior de la ciudad en nuestros días, junto a la bóveda del siglo XVII, aún pueden verse los arranques de dos imponentes arcos de herradura que enmarcaban el

RECORRIDO II *Entre moros y mozárabes*
Coimbra

antiguo portal doble de la ciudad musulmana. Con el paso del tiempo, la voluntad de borrar las marcas identificativas de los vencidos y la necesidad de nuevas obras llevaron a que se rebajasen los arranques salientes de los arcos y se les diera el actual aspecto de uniformidad.

C. T.

II.1.c Murallas y urbe islámica

El crecimiento de Coimbra al inicio de la Baja Edad Media y la masiva destrucción ocasionada, ya en este siglo, por la construcción de edificios universitarios en la parte alta de la ciudad dificultan la lectura de la topografía de la urbe islámica. Las murallas que rodeaban Coimbra en el periodo islámico se extendían a lo largo de la Couraça de Lisboa, pasaban muy cerca de la Rua Ferreira Borges (junto a la que se encuentra el Arco de Almedina) para después ascender hasta la zona del actual Museo Machado de Castro. Más arriba aún, donde hoy está el Largo de D. Dinis, se alzaría la *alcazaba* de la ciudad. El cementerio islámico quizá estuviera ubicado al norte de las murallas, en los terrenos donde más tarde se construyó la Sé Nova (la Seo Nueva).

S. M.

La inscripción de la Sé Velha

Largo da Sé Velha, tel.: 239 825273.
Acceso al claustro con entrada. Viernes cerrado.

En el muro norte de la Sé Velha (la Seo Antigua) se conserva una inscripción en árabe que, según se ha comprobado, es contemporánea de la construcción de la catedral, datada en el siglo VI/XII: "Escribí esto como recordatorio permanente de mi sufrimiento. Mi mano perecerá un día, pero la grandeza quedará". Este es el lamento de un cantero desconocido obligado a cumplir tan penosa tarea y que, no obstante, declara su admiración ante la grandiosidad de la obra, resignado ya, ciertamente, a aceptar la inevitable asimilación religiosa. Muchos otros canteros y artesanos *moriscos* se

Arco de Almedina, Coimbra.

RECORRIDO II   *Entre moros y mozárabes*
Lorvão

Arco de Almedina, fachada norte, según dibujo de la DGEMN, Coimbra.

quedaron en la ciudad, contribuyendo al engrandecimiento de la nueva capital del naciente reino de Portugal.

C. T.

Seguir la IP3 en dirección a Viseu, torcer a la izquierda hacia Penacova y proseguir hasta Lorvão.

II.2 **LORVÃO**

II.2.a **Monasterio**

Horario: invierno de 9 a 12:30 y de 14 a 17:30; verano (junio a septiembre) de 9 a 12:30 y de 14 a 18:30; lunes y martes cerrado.

El monasterio de Lorvão, consagrado a San Pelayo y San Mamed, es uno de los monasterios que han dejado vestigios documentales y restos artísticos de su pasado *mozárabe*. La fecha de su fundación es incierta. La *Crónica de Cister* indica el siglo VI como fecha más probable, hipótesis reforzada recientemente por el descubrimiento, en el lugar del monasterio, de una piedra que se atribuye a la época visigótica. Con todo, la datación de Bernardo de Brito fue puesta en entredicho, con una rigurosa crítica a las fuentes documentales, por Rui de Azevedo, que fijó el año 878 como fecha aproximada de fundación.

A partir del siglo X, tras la toma de Coimbra por Alfonso III de León, tenemos ya datos sobre la vida en el monasterio, y el más antiguo de ellos es el de la donación de Vila Cova por Ordoño II en el año 911. Las donaciones se fueron intensificando, y en ese mismo siglo el monasterio se engrandeció al ser uno de los protegidos por los condes de Coimbra. Su importancia se justifica también por el prestigio del culto a San Mamed y por la crisis política de la monarquía leonesa, que le otorgó mayor autonomía. Durante la época islámica, la importancia de Coimbra se reforzó debido al tráfico fluvial que vitalizaba toda el área. Lorvão era una de las vías de este comercio de carbón, leña y madera. En lo que se refiere al monasterio, es significativa la referencia del año 966 al llamado Abad Primo Zacarías, al que se denomina "de Córdoba", maestro constructor de puentes y calzadas y que será, junto con el abad del monasterio, responsable de campañas de obras en el edificio.

En el siglo XI, el monasterio debió de ver menguado su prestigio a consecuencia de la popularidad del santuario de São Vicente da Vacariça, aunque a partir de 1086 recuperó gran parte de sus bienes.

RECORRIDO II   *Entre moros y mozárabes*
Lorvão

Monasterio de Lorvão.

Al igual que la mayor parte de los monasterios del noroeste peninsular, probablemente experimentó la influencia de la regla fructuosiana, adoptó la regla de San Benito tardíamente y se adhirió, con el apoyo de Afonso Henriques y de su hija Teresa, a la orden cisterciense femenina en 1200. En este monasterio se produjo uno de los manuscritos fundamentales para el estudio de la iluminación en Portugal, el célebre *Apocalipse do Lorvão*.

M. A. M.

Retomar la IP3 en dirección a Viseu, seguir después la IC7 hacia Arganil/Oliveira do Hospital, continuar por la carretera 17 hasta Venda da Esperança y torcer luego a la derecha hacia Lourosa (unos 50 km).

APOCALIPSE DO LORVÃO

Maria Adelaide Miranda

"Apocalipse do Lorvão", iluminaciones, siglo XII, Instituto de los Archivos Nacionales / Torre do Tombo.

Este comentario al Apocalipsis fue realizado en el Monasterio de Lorvão y se encuentra en el Archivo Nacional Torre do Tombo. Fue copiado por Egeias en 1189, consta de 219 folios, está escrito a dos columnas sobre pergamino y mide 345 x 245 mm. Es una obra tardía que puede adscribirse a los llamados "beatos", conjuntos de comentarios al Apocalipsis que tuvieron su origen en un ejemplar del siglo VIII escrito e iluminado por Beatus, monje de Liébana. Estos manuscritos, cerca de 25, contienen una iconografía que revela las inquietudes y angustias que precedieron al fin del milenio. El *Apocalipse do Lorvão* está formado por 70 historias acompañadas de las respectivas ilustraciones. El iluminador resuelve de manera especialmente original las composiciones. Los personajes flotan en un espacio virtual, abstracto por ser sagrado, dispuestos en bandas con fondos geométricos de una gran carga simbólica. El manuscrito presenta elementos muy importantes para establecer puntos de contacto con la iluminación *mozárabe*. Las semejanzas iconográficas indican que puede ser copia de un manuscrito más antiguo atribuido al propio Beato de Liébana (fragmento de Silos) y perteneciente a la familia de manuscritos I, en la cual se encuentra también el Beato de Osma. La época *mozárabe* se hace patente también en los arcos de herradura que aparecen en las iluminaciones hechas por el artista.

Es el único manuscrito portugués de la época en que prevalece el carácter narrativo-simbólico y donde la representación humana ocupa un espacio dominante.

RECORRIDO II   *Entre moros y mozárabes*
Lourosa

Iglesia mayor de San Pedro, exterior, Lourosa.

Iglesia mayor de San Pedro, interior, Lourosa.

II.3 **LOUROSA**

II.3.a Iglesia mayor de San Pedro

Este edificio solo puede visitarse en compañía de la Sra. Maria Patrocínio Nunes, a quien se puede localizar en el tel. 232 816621.

Esta austera iglesia rural, cuya fecha de fundación es incuestionable —año 299/912—, sirve de patrón cronológico para toda la arquitectura de transición de la región central, y se destaca como el monumento *mozárabe* más significativo de nuestro país. Pese a que en el rústico cincelado pueden apreciarse influencias asturianas, es evidente la impronta de los modelos andalusíes de la arquitectura emiral en el moldeado de la sillería y, principalmente, en los elementos decorativos de las cornisas y en la forma de los arcos. Este templo a San Pedro es un edificio de tipo basilical en que un pequeño transepto separa la capilla mayor del cuerpo del edificio, donde una sucesión de tres arcos de herradura apoyados en columnas divide la nave central y las laterales.
Durante las obras de restauración de mediados del siglo XX, con las que se devolvió a todo el edificio su traza primitiva, se encontraron varios elementos arquitectónicos pertenecientes probablemente a un templo anterior, de época visigótica. En el atrio de la iglesia se descubrió un cementerio con sepulturas abiertas en la roca, un ara votiva y otros indicios que demuestran la continuidad en la ocupación del lugar.

C. T.

Volver a la Estrada 17 hasta Venda de Galizes y torcer a la derecha para tomar la 230 en dirección a Avô.

RECORRIDO II   *Entre moros y mozárabes*
Avô · Piódão

II.4 **AVÔ** (opción)

II.4.a **Castillo**

Avô, a orillas del Alva, se encuentra estratégicamente situada en el fértil valle del río, en condiciones naturales que propician la defensa y el dominio.

El castillo tuvo un papel importante en el periodo de las oscilaciones fronterizas entre el norte cristiano y el sur musulmán. El arco ojival y algunos lienzos de muralla definen lo que fue un recinto amurallado que, naturalmente, mereció la atención de nuestros primeros reyes por sus posibilidades para el asentamiento de población y la consolidación de la frontera.

El conde D. Henrique donó Avô al Obispo de Coimbra, quien a partir de entonces mantuvo la alcaidía y el señorío del Castillo.

Hay noticias de que este castillo fue el escenario más importante en las luchas trabadas entre D. Sancho II y Alfonso III.

Es curioso verificar, también aquí, un espacio con el nombre de "coraza" (*couraça*). Lo mismo que en Coimbra (Couraça de Lisboa) o en Estremoz (Torre das Couraças), designa un acceso protegido hasta el agua, vital para la resistencia de los moradores y de los vecinos que se refugiaban en el interior del recinto amurallado.

En la villa, que tuvo su primer fuero en 1178 (otorgado por D. Sancho I), renovado más tarde, en 1514 (D. Manuel), subsiste el culto a San Miguel en una capilla junto a las murallas, lo que, junto con la ribera denominada de Moura, no deja de ser un ejemplo de una toponimia que preserva, en cierto modo, la herencia de la presencia islámica.

La antigua Casa da Câmara (ayuntamiento) y el Pelourinho (picota) *manuelino* son otros vestigios patrimoniales que atestiguan la importancia que esta villa tuvo en el pasado.

M. P.

Retomando la carretera 230, al llegar a Vide, e inmediatamente después de atravesar el puente, torcer a la derecha y seguir en dirección a Piódão (unos 16 km).

II.5 **PIÓDÃO** (opción)

Oficina de Turismo: Av. das Forças Armadas, Arganil, tel.: 235 204823.

II.5.a **Conjunto urbano**

Asistir a la puesta de sol en Piódão es algo inolvidable. Es la presencia de una naturaleza que aquí se hace sentir de forma singular y muy intensa. Es la sierra, es el agua y es la pizarra.

Castillo, Avô.

RECORRIDO II *Entre moros y mozárabes*
Piódão

Conjunto urbano, Piódão.

La sierra ha condicionado la morfología urbana. Pequeñas y estrechas calles serpentean por la ladera y estructuran una población que mira al valle. Calles empedradas donde la pizarra se ha usado de modos diferentes, y que permiten desaguar las torrenteras y transitar con más comodidad. Las composiciones están marcadas por una gran sensualidad de formas.

La pizarra siempre está presente. La encontramos en las calzadas, en los muros divisorios de propiedades, en las paredes de las casas, en los revestimientos de los tejados, en los techos de los molinos y en las construcciones agrícolas.

El pueblo sigue apareciendo hoy como un notable conjunto de gran unidad urbanística, y es, en medio de un paisaje de bancales, uno de los mejores ejemplos del armonioso diálogo entre el hombre y la naturaleza.

Es un buen ejemplo de patrimonio rural donde se evidencia la sabia manera en que localmente se encontraban soluciones eficaces y adecuadas, sacando el máximo partido de cuanto la naturaleza puede ofrecer.

M. P.

Alcántara (España)
Del otro lado de la frontera, en la Extremadura española, vale la pena dar un pequeño salto a la hermosa ciudad de Trujillo, dominada aún hoy por una de las más importantes y monumentales fortalezas de la época califal. De paso por Cáceres, se impone una visita al museo regional instalado en la Casa de las Veletas, construido sobre una cisterna de época islámica. De regreso a la frontera portuguesa de Segura, se atraviesa el río Tajo por el famoso puente romano de Alcántara.

C. T.

RECORRIDO III

Idanha: tierras de frontera

Cláudio Torres, Mário Pereira, Cristina Garcia, Paula Noronha

III.1 IDANHA-A-VELHA
    III.1.a Castillo y núcleo urbano
    III.1.b Catedral (antigua mezquita)

III.2 MONSANTO
    III.2.a Castillo

III.3 SABUGAL (opción)
    III.3.a Castillo

III.4 SORTELHA (opción)
    III.4.a Castillo

III.5 ALFAIATES (opción)
    III.5.a Castillo

III.6 CASTELO DE VIDE
    III.6.a Castelo de Vide islámico

III.7 MARVÃO
    III.7.a Castillo y conjunto urbano

III.8 CRATO (opción)
    III.8.a Conjunto urbano

III.9 ALTER DO CHÃO (opción)
    III.9.a Castillo

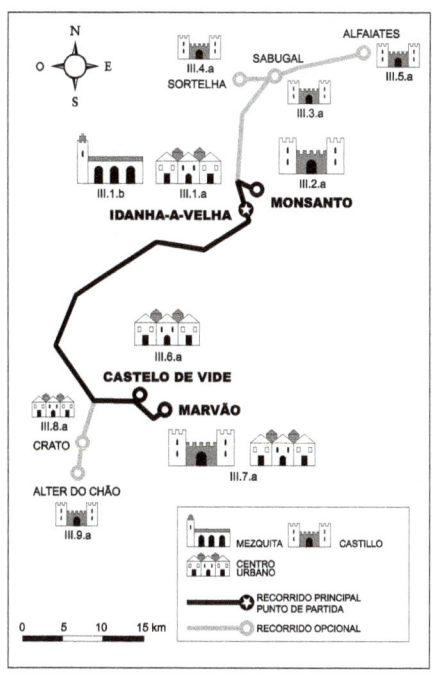

Castelo de Vide, detalle, dibujo del siglo XVI, en Duarte d'Armas, "Livro das Fortalezas".

Idanha-a-Velha

Castillo, Sortelha.

En los primeros tiempos de islamismo, las grandes ciudades y las tierras fértiles del litoral y el Alentejo se adaptaron rápidamente al nuevo orden social y religioso. En los valles y las accidentadas cordilleras al norte de la cuenca del Tajo, los problemas fueron otros. No tanto por la oscilación de conquistas y reconquistas militares como por la natural reserva y desconfianza de estos pueblos de pastores, entre los cuales la asimilación de nuevas ideas venidas del sur no solo fue más lenta, sino que sobre todo estuvo desprovista de rigores técnicos o litúrgicos. Este fenómeno permitió a veces rasgos innovadores, atributo siempre de las zonas de frontera, donde los controles son a veces menos rígidos y más imaginativos los intercambios.

En estas serranías del interior, de caminos agrestes y peligrosos, la única gran ruta de comunicación entre Asturias y los puertos del Mediterráneo seguía siendo la Vía de la Plata, que en época romana unía Astorga y León con las ciudades de Mérida y Sevilla. A esta arteria viaria convergían los accesos de los castillos y los pueblos fortificados que, en las inmediaciones de la actual raya de Portugal, servían de refugio a las comunidades de campesinos y pastores. Aunque no pruebas arqueológicas concluyentes, sí hay, no obstante, indicios locales que nos hacen suponer una cierta dependencia antigua de esta región, sometida al control tributario del mundo islámico del sur. Es el caso del castillo de Alfaiates ("sastres"), cuyo topónimo no tiene nada que ver con la prosaica actividad del corte y la confección. El étimo *al-hayar* es muy común en fortificaciones de época islámica y significa en árabe "las piedras" o "los peñascos". En esta zona, atravesada de norte a sur por la frontera, y campo de batalla entre moros y cristianos hasta el siglo VI/XII, se reafirmaron otras tensiones militares durante el siglo XIV en una nueva raya fronteriza, esta vez de este a oeste, durante el periodo del sistemático enfrentamiento entre los reinos de Portugal y Castilla por la posesión de los castillos de Ribacôa, en especial los de Sortelha y Sabugal.

C. T.

III.I IDANHA-A-VELHA

III.1.a **Castillo y núcleo urbano**

Oficina de Turismo: Rua da Senhora do Almortão, Idanha-a-Nova, tel.: 277 202900.

RECORRIDO III   *Idanha: tierras de frontera*
Idanha-a-Velha

Murallas, Idanha-a-Velha.

Idanha-a-Velha es hoy una pequeña aldea con algunas decenas de habitantes. Y sin embargo, por todas partes las pequeñas casas campesinas se sobreponen a monumentales vestigios o reutilizan sus materiales. Esta importante ciudad romana, conocida como Egitania, fue sede de un obispado durante el reino visigótico de Toledo.

Durante los primeros años de islamización —según descripción del cronista cordobés Ibn Hayyan—, la vieja ciudad entonces conocida como N.yani fue refugio del rebelde Ibn Marwan, originario del lugar, y de su clan familiar, que durante algunos decenios se opuso a la centralización califal de Córdoba.

Las murallas de graníticos y sólidos sillares que todavía hoy cercan Idanha son de la misma familia tipológica que las del Conventual de Mérida (levantado en el año 219/835). Cronológicamente serán poco anteriores o incluso contemporáneas de las defensas de Talavera de la Reina, que mandó construir Abd al-Rahman III a finales del siglo III-p. IV/p. X. Como en este último caso, los torreones semicilíndricos de Idanha entroncan aún con la tradición romana y bizantina. La puerta norte de la ciudad, con su entrada de doble portón flanqueada por dos torres semicilíndricas, remite también a una cronología similar.

C. T.

III.1.b Catedral (antigua mezquita)

Vista general, Idanha-a-Velha.

Considerado durante muchos años catedral visigótica, este templo puede calificarse hoy de mezquita, o al menos de construcción con características sincréticas. Es evidente la orientación a La Meca de una capilla abovedada que, no obstante, poco tiene que ver, por sus dimensiones, con el tradicional *mihrab*. Una sucesión de arcos, con leve forma de herradura y que bordean una nave transversal, distingue claramente esta capilla del conjunto arquitectónico. Si admitimos que la pared sudeste es la *qibla* de una mezquita, la

Idanha: tierras de frontera
Monsanto

Catedral (antigua mezquita), exterior, Idanha-a-Velha.

construcción entre la mezquita de Idanha y la iglesia de Lourosa, a unos 70 km y que una inscripción data en 299/912.

C. T.

Para Monsanto, seguir por la Estrada 332 en sentido Medelim/Penamacor y torcer a la derecha antes de Medelim; continuar luego por la 239 hasta el cruce para Monsanto.

III.2 MONSANTO

III.2.a Castillo

Oficina de Turismo: Rua Marquês da Graciosa, tel.: 277 314642.

Por cualquier parte que se aproxime uno a Monsanto, no le será difícil percatarse de por qué ese monte solo puede ser santo: es un monte que destaca, que atrae, un monte sacralizable.
Desde muy pronto las excelencias del lugar llamaron la atención de los primeros pobladores, que terminaron por fortificar la cima del monte, probablemente en la época de los castros, y romanos, godos, árabes y templarios codiciaron más tarde su dominio.
Nombres como los del pretor romano Lucio Emilio Paulo, de Gualdim Pais y del conde de Lippe aparecen asociados a este castillo, que mantuvo su importancia estratégica desde la Antigüedad hasta las Guerras Peninsulares (contra los franceses), en pleno siglo XIX, como resulta patente por la descripción y el levantamiento de mapas hechos por el mayor Eusebio Furtado del Real Cuerpo de Ingeniería (1813), que nos muestran una plaza bélica todavía operativa.

Catedral (antigua mezquita), interior, Idanha-a-Velha.

organización atípica y desorientada del edificio se vuelve menos enigmática. El proyecto de esta extraña mezquita solo se justifica en la época agitada del rebelde *muladí* Ibn Marwan (f. siglo III/f. IX). Para atribuirla a un periodo determinado podemos recurrir a algunos elementos que nos parecen significativos, aunque el más evidente es el paralelismo en las técnicas de

RECORRIDO III *Idanha: tierras de frontera*
Monsanto

La importancia del sitio pasó de época en época, y el castillo registra la evolución y las transformaciones que se efectuaron sucesivamente para mantenerlo en activo. El pueblo medieval debió de crecer alrededor de la *alcazaba*, aquí denominada Alvacara, y fue cercado posteriormente, también él, con una línea de murallas. Duarte D'Armas, autor de un célebre libro que representa algunas ciudades fortificadas y castillos de Portugal, muestra, ya en el siglo XVI, una población que se iba aproximando poco a poco a los campos cultivados de la base del monte. Fortificación medieval, adaptaciones en la fase de transición y construcciones-baluarte, el castillo registró y atestigua todas las transformaciones que van de la neurobalística a la pirobalística. Torres, murallas medievales y troneras de la fase de transición coexisten con los terraplenes, el polvorín y las cañoneras de las fortificaciones modernas. La torre-atalaya del Pião, la capilla de São Pedro de Vir-a-Corça y la de São Miguel son los mejores testimonios medievales que sobrevivieron a la explosión que en 1815 destruyó el polvorín y una parte importante de las estructuras que subsistían extramuros.

La iglesia de Santa Maria do Castelo, a semejanza de lo que ocurre con gran parte de las *alcazabas*, marca el paso de un culto a otro, señala la persistencia y la perpetuación de lo sagrado en el mismo lugar, es el símbolo de la victoria militar del cristianismo.

M. P.

Castillo, Monsanto.

Pueblo, Monsanto.

Para Castelo de Vide, seguir por la Estrada 239 en dirección a Proença-a-Velha, continuar por la 233 hasta Escalos de Cima, torcer a la derecha hacia Alcains y seguir entonces por la IP2, en sentido Castelo Branco/Portalegre. Salir de la IP2 en Alpalhão y seguir la carretera 246 en dirección a Castelo de Vide.

Para Sabugal, seguir la carretera 239, torcer a la izquierda, pasar por Medelim y continuar por la 332 en dirección a Penamacor. A partir de ahí, proseguir por la 233 hasta Sabugal.

RECORRIDO II   *Entre moros y mozárabes*
Sabugal

Castillo, Sabugal.

III.3 **SABUGAL** (opción)

III.3.a **Castillo**

Información: Ayuntamiento, Praça da República, tel.: 271 751040.
Horario: de 9 a 12:30 y de 14 a 18 (en verano cierra a las 19).

El castillo de Sabugal es lo que, en términos medievales, podemos considerar como una plaza fuerte.
De forma cuadrangular irregular, circundado por una poderosa barbacana pentagonal fuertemente protegida por decenas de troneras (que posibilitaban, en el siglo XVI, el uso de armas de fuego), este castillo destaca por el grosor y la altura de sus cortinas, por la capacidad defensiva que favorecen las cuatro robustas torres de base cuadrangular, por los dos torreones (redondos) y, sobre todo, por su imponente torre del homenaje. Esta, de 28 m de altura, con balcones de matacanes en todas sus caras, saeteras de varios tipos y pisos abovedados (crucería ojival), coronada por almenas con remate piramidal, es conocida popularmente como la Torre das Cinco Quinas (Torre de las Cinco Esquinas), debido a su base pentagonal.
Es, de hecho, un castillo imponente, uno de los castillos de las orillas del Côa que pasó a la corona portuguesa por el Tratado de Alcanises, en 1297, así que no sorprende que su construcción se atribuya al reinado de D. Dinis. El dibujo de Duarte D'Armas (siglo XVI) nos muestra un castillo semejante en todo al recinto tal como hoy está, lo que evidencia cuál ha sido siempre su importancia estratégica: el control de un importante punto para atravesar el río Côa. La proximidad de la frontera hizo que en los siglos XVI y XVII (Guerra de la Independencia contra los españoles) todavía se intentase mantenerlo operativo, pero las nuevas estrategias defensivas lo relegaron a un

RECORRIDO II   *Entre moros y mozárabes*
Sortelha

segundo plano, y algo influyó también la cercanía de la gran fortificación-baluarte que, entre tanto, se empezaba a levantar en Almeida.
Es fácilmente identificable la muralla exterior que partía de la *alcazaba* y volvía a ella dejando fuera de la Porta da Vila el *pelourinho* (picota), tal como aparece representado en el siglo XVI.

M. P.

Para dirigirse a Castelo de Vide, seguir la Estrada 233 hasta Castelo Branco. Tomar entonces la IP2 en sentido Portalegre hasta Alpalhão y proseguir por la carretera 246 hasta Castelo de Vide.

Saliendo de la villa de Sabugal en dirección sur, torcer a la derecha hacia Sortelha y recorrer unos 12 km.

III.4 **SORTELHA** (opción)

III.4.a Castillo

Información: Ayuntamiento de Sabugal, Praça da República, tel.: 271 751040.

En Portugal, cuando queremos hacer referencia al paradigma de villa medieval fortificada, de inmediato nos viene a la mente Sortelha, uno de los ejemplos que mejor tipifica la ocupación del espacio, la estructura defensiva y el crecimiento de arrabales extramuros.
También aquí es evidente la ubicación de la *alcazaba*, alrededor de la cual fue levantándose el pueblo, que se protegió con una muralla y torres, algunas situadas a los lados de las entradas, para defenderlas.
Es interesante verificar que aquí todo se desarrolló según los cánones de la fortificación medieval.

Castillo, Sortelha.

RECORRIDO III   *Idanha: tierras de frontera*
Alfaiates

Castillo, Alfaiates.

Se accede al recinto de la *alcazaba* a través de una puerta fuertemente protegida por un balcón de matacanes. En el interior, la cisterna, la inaccesible torre del homenaje, de entrada elevada, y una puerta falsa (que da al valle opuesto a la población) integran un recinto donde son visibles las marcas de los niveles superpuestos.

En la muralla de la villa, concretamente en la Porta Nova, orientada hacia la sierra de Estrela y que aún es atravesada por una bien conservada calzada medieval, se encuentran grabadas las medidas de longitud que se usaban intramuros.

El *pelourinho manuelino* con esfera armilar, el ayuntamiento y la iglesia mayor de techo *mudéjar* estructuran un pueblo con pequeñas plazas a lo largo de la calle principal que une las dos puertas principales. Parece que las obras en el castillo comenzaron en tiempos de D. Sancho I (1181), continuaron con D. Sancho II (1228) y claro, D. Dinis, y llegaron hasta D. Manuel (siglo XVI), época de la que datan las troneras, ya para armas de fuego.

Las capillas de Santiago y San Genasio, la antigua leprosería y la quinta de la Corredoura (paso del ganado en la trashumancia) son vestigios del pasado de esta villa fronteriza que tuvo en la ermita de San Cornelio, que domina el pueblo, una importante atalaya.

Hay que señalar la supervivencia de la *capeia raiana*, una singular forma de lidiar toros que en verano sigue animando el Largo do Corro, junto a la Porta da Vila.

M. P.

Para seguir hacia Alfaiates, retomar la misma carretera por la que se llega a Sabugal y continuar después por la 233-3 hasta Alfaiates.

Para llegar a Castelo de Vide, seguir la Estrada 18-3 en sentido Caria/Covilhã, hasta el cruce con la IP2, desde el cual se continúa, en dirección Portalegre, hasta Alpalhão. Coger entonces la carretera 246 hasta Castelo de Vide.

III.5 **ALFAIATES** (opción)

III.5.a **Castillo**

Información: Ayuntamiento de Sabugal, Praça da Republica, tel.: 271 751040.

Cuando hablamos del castillo de Alfaiates nos referimos, sobre todo, a lo que hoy podemos ver y que remite a la intervención *manuelina*, bien atestiguada en la heráldica de la parte superior de la entrada del recinto amurallado. Poco queda de la primitiva construcción de la época de D. Dinis.

La documentación existente identifica el actual castillo con las intervenciones debidas a la acción de D. Manuel, que en 1510 mandó fortificar la villa.

En Alfaiates nos encontramos ante una característica obra de transición entre el castillo medieval y la fortificación moderna, al igual que sucede con Évoramonte o con la Torre de Belém (Lisboa).

Diogo de Arruda (1525) también hizo aquí una estructura defensiva pensada, sobre todo, para el uso de armas de fuego. A él se debe esta construcción de forma cuadrangular regular, con tres torreones circulares en los ángulos y cañoneras para proteger todo el recinto. La primitiva villa de Alfaiates, un conjunto monumental donde, además del castillo, se encuentran el *pelourinho* y la iglesia de la Misericordia con soportales, apoyos salientes y un interesante rosetón románico, tiene en el convento de Sacaparte uno de los espacios más sugestivos y legendarios.

M. P.

Para dirigirse a Castelo de Vide, volver a Sabugal y seguir la carretera 233 hasta Castelo Branco. Continuar entonces por la IP2, en sentido Portalegre, hasta Alpalhão. Proseguir allí por la Estrada 246 hasta Castelo de Vide.

III.6 CASTELO DE VIDE

III.6.a Castelo de Vide islámico

Información: tel.: 245 901361.

En época islámica, Castelo de Vide sería un pequeño pueblo sobre una cima, cuyos habitantes se dedicarían sobre todo al pastoreo.

Castelo de Vide.

RECORRIDO III   *Idanha: tierras de frontera*
Marvão

Castelo de Vide.   *Conjunto urbano, Marvão.*

Hoy es una villa próspera, rodeada de verdes bosques y buenas tierras de labranza, que se ha desarrollado en tiempos modernos gracias al comercio de frontera. Las murallas del castillo, ciertamente, se construyeron o repararon a finales del siglo XIV debido a la inseguridad de la raya y también para proteger a una próspera comunidad judía que se había establecido en el lugar. Lo que importa destacar en esta hermosa villa alentejana es el trazado urbano, y la serie excepcional de jambas y dinteles de cantería golpeada y arcos quebrados que le confieren el rango de mejor, y mejor conservado, conjunto medieval de esta región.

C. T.

A la salida de Castelo de Vide, seguir la Estrada 246-1 hasta Marvão durante unos 13 km.

III.7 **MARVÃO**

III.7.a Castillo y conjunto urbano

Oficina de Turismo: tel.: 245 993886.

Sobre un peñasco formidable que asciende hasta los 1.000 m se levanta la villa y fortaleza de Marvão, sin duda una de las más antiguas de la región. La leyenda atribuye su fundación a un tal Marwan, musulmán y señor de Coimbra. De hecho, este personaje es bien conocido en la historia de al-Andalus. El *muladí* Ibn Marwan al-Yilliqui (Marwan el Gallego) fue el líder local de la resistencia contra la centralización emprendida por los *califas* de Córdoba en la segunda mitad del siglo III/s. m. IX. Su clan familiar dirigió, durante casi un siglo, varias revueltas de Garb al-Andalus contra el poder califal,

RECORRIDO III   *Idanha: tierras de frontera*
Crato

Castillo, Marvão.

fortificándose alternativamente en Badajoz, Idanha o Marvão. Dadas las cualidades estratégicas de esta fortaleza y, en consecuencia, su antiguo y sistemático poblamiento, el nombre de Marvão no es, probablemente, un ingenuo antropónimo y sí, por el contrario, habrá sido esta familia originaria y señora de estas tierras la que lo adoptó como apellido y signo identificador de su poder regional. El paisaje que se avista desde las murallas es deslumbrante y, como dicen sus habitantes, es la única tierra en que se ve a los milanos de lado.

C. T.

A la salida de Marvão, seguir la Estrada 359 hasta Portalegre y continuar después por la 119 hasta Crato.

III.8 **CRATO** (opción)

III.8.a Conjunto urbano

*Información: Rua 5 de Outubro,
tel.: 245 997161.
Flor da Rosa, tel.: 245 997341.*

Después de la Reconquista, a finales del siglo VI-p. VII/p. XIII, el monarca portugués encomendó a los caballeros de la Orden del Hospital la construcción de su sede en estas tierras. En la villa de Crato, y sustituyendo a la posible *alcazaba*, se levantó seguramente algún palacio acastillado del que hoy, después de las batallas de la Restauración de mediados del siglo XVII, queda muy poco. En las proximidades, y ahora restaurado, se alza un edificio de esta misma orden, el monumental Mosteiro da Flor da Rosa (Monasterio de la Flor de la Rosa).

Pese a sucesivas campañas de obras, todavía pueden verse en los muros y torreones que cercan la villa los vestigios de las técnicas constructivas de época islámica. El urbanismo del casco antiguo

Conjunto urbano, Crato.

89

RECORRIDO III *Idanha: tierras de frontera*
Alter do Chão

Mosteiro da Flor da Rosa, Crato.

recuerda también el trazado viario tradicional.

C. T.

A la salida de Crato, seguir la carretera 245 hasta Alter do Chão durante unos 12 km.

III.9 **ALTER DO CHÃO** (opción)

III.9.a **Castillo**

Horario: de abril a octubre de 10 a 12:30 y de 14 a 17:30; en los demás meses, las visitas al lugar deben solicitarse con dos días de antelación en la Oficina de Turismo, tel.: 245 610004.

En esta pequeña fortificación, profundamente remodelada en el siglo XIV y cuya historia anterior no figura en las fuentes escritas, lo que llama la atención son las torres de esquina de sección semicircular. Estos torreones, con remate cónico y cimborrio, y de factura claramente posterior, se asientan sobre un basamento de fábrica arcaica, igual que otros sistemas constructivos que se atribuyen a la época del emirato. Con las ruinas cercanas de Alter Pedroso y Cabeço de Vide, esta zona muestra sugestivas pruebas de una población importante en los primeros tiempos de la islamización. A unos 4 km pueden visitarse las Coudelarias de Alter, donde tradicionalmente se cría una raza de caballos emparentada con antiguas estirpes andalusíes.

C. T.

Parque Natural de São Mamede
En la vasta planicie alentejana, de horizontes llanos y ondulados, se eleva inesperadamente un macizo rocoso de 1.025 m de altitud constituido por varias sierras, entre las que destaca la de São Mamede. Pizarra, grauvaca, rocas calcáreas y cuarcita se entremezclan en una colorida miscelánea de configuraciones morfológicas de rara belleza que contrastan con el granito de la planicie, de lo que resulta una enorme variedad de suelos. El Parque da Serra de São Mamede, que se extiende por 31.750 ha de los concejos de Arronches, Castelo de Vide, Marvão y Portalegre, alberga una gran diversidad de especies de flora y fauna, fruto de la combinación de la altitud y la litología con distintas condiciones climáticas. Las aves son de gran importancia en este parque natural por la cantidad y variedad de especies que en él nidifican, como el águila culebrera, el águila de alas redondas, la cigüeña negra, y las especies nocturnas como el búho real y la lechuza. Antaño amenazadas, las comunidades de venados y jabalíes vuelven a ocupar

RECORRIDO III   *Idanha: tierras de frontera*
Alter do Chão

Castillo,
Alter do Chão.

lentamente sus hábitats. Desde tiempos antiguos los verdosos valles de esta sierra han favorecido los asentamientos humanos, por lo que no es de extrañar la presencia de ruinas de la ciudad romana, Alamia, del antiquísimo puente de Portagem y de los castillos medievales de Marvão y Vide. La agricultura es la actividad económica por excelencia de los varios pueblos con características mediterráneas que salpican de manchas blancas la sierra. En el norte, un paisaje compartimentado alterna robledales y castañales con olivos, pinos y eucaliptos, el cultivo de secano con el de regadío, mientras que en el sur predominan las extensas llanuras de alcornoques y encinas por donde deambula el ganado.
No hay que perderse, en la visita a este parque natural, la Fiesta de la Castaña, en la villa de Marvão, y la interesante artesanía de la región, en la que sobresalen el trabajo en corteza de árbol, la tapicería y la fabricación de fibras textiles.
C. G. / P. N.

Centro de Información: Praceta Heróis da Índia, 8 - 1.º, 7330 Portalegre.

Badajoz y Mérida (España)
Pasando la frontera por Caia y una vez atravesado el Guadiana, se entra directamente en los arrabales modernos que envuelven la antigua ciudad islámica de Badajoz. En el interior de unas monumentales murallas de tapial construidas en época almohade, se puede visitar un moderno museo arqueológico donde hay una significativa colección de arte islámico.
También a orillas del Guadiana, unos kilómetros río arriba, es obligatoria la visita a Mérida, la antigua capital de la Lusitania. Además de sus museos, donde las colecciones de arte islámico han sido incrementadas con piezas de nuevas excavaciones arqueológicas, se impone una visita al célebre Conventual, una de las primeras fortalezas construidas en al-Andalus por las tropas musulmanas.
C. T.

RECORRIDO IV

El camino de al-Garb

Cláudio Torres, Santiago Macias, Fernando Branco Correia, Artur Goulart de Melo Borges

IV.1 ELVAS
    IV.1.a Arco do Miradeiro o Porta da Alcáçova
    IV.1.b Porta do Templo

IV.2 JUROMENHA (opción)
    IV.2.a Fortificación

IV.3 ALANDROAL (opción)
    IV.3.a Castillo

IV.4 VILA VIÇOSA (opción)
    IV.4.a Castillo

IV.5 ÉVORA
    IV.5.a Évora islámica
    IV.5.b Museo de Évora
    IV.5.c Muralla antigua

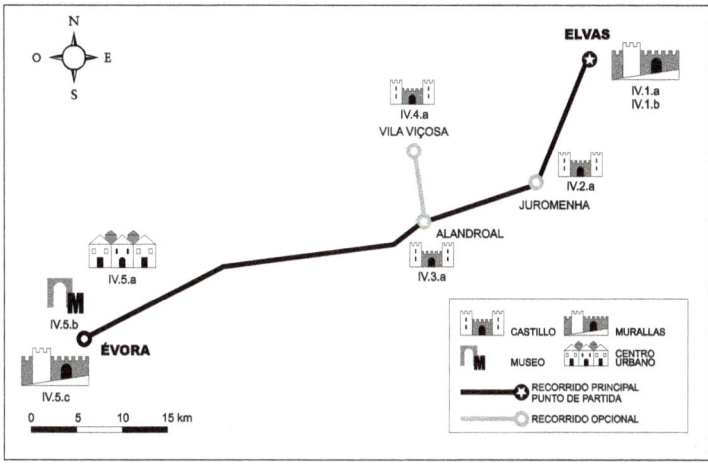

Castillo, arco de herradura, Alandroal.

Alandroal, detalle, dibujo del siglo XVI, en Duarte d'Armas, "Livro das Fortalezas".

El Alto Alentejo sigue siendo uno de los territorios poco estudiados y mal conocidos de Garb al-Andalus. Es ahora, por ejemplo, cuando se empieza a sospechar la importancia de lugares como Veiros en época musulmana. Otros, aún incipientemente estudiados, como Cabeço de Vide o Monforte, debieron de ser pueblos fortificados. Aparte de Juromenha, que se menciona en los textos de geógrafos e historiadores, otros lugares, con áreas que oscilaban entre las 2 y las 4 ha, como Avís, Estremoz o Montemor-o-Novo, sin duda fueron también pueblos de cierta relevancia. Hay que registrar, por ejemplo, la presencia de una lápida funeraria bastante tardía, esculpida en mármol de Estremoz y que posiblemente fue llevada desde el Alentejo a São Tomé de Aguião (Arcos de Valdevez), de donde pasó al Museo Nacional de Arqueología en 1905. En otros casos, y ante la ausencia de restos arqueológicos, es posible aventurar interpretaciones más arquitectónicas y funcionales. El caso más interesante, y enigmático, es sin duda el del castillo de Portel. Aparte del topónimo, que naturalmente se refiere a la existencia de un puerto ahora seco, la imponente mole del castillo feudal se superpuso violentamente a un pueblo más antiguo, al que seguramente pertenecieron algunos torreones y lienzos de la muralla que, aquí y allá, pueden verse aún en el viejo recinto.

Si al norte del Tajo la islamización sigue el vector sur-norte de la vía romana que unía Lisboa, Santarém, Coimbra y Braga, el Alto Alentejo, por el contrario, se organizaba a partir del cruce entre esta misma vía, que se prolongaba hacia Beja-Mértola, y otra que dividía el territorio entre el litoral y los contrafuertes de la Meseta. Ese camino, que marca un eje este-oeste, tenía como puntos capitales las ciudades de Qasr Abudanis (Alcácer do Sal), Évora y Mérida. La fundación de Badajoz, en plena época emiral y a la sombra de los Banu Marwan, confirió una nueva lógica a este eje, que pasó a englobar las tierras fértiles del alto Guadiana. Destacan en este territorio ciudades como la antigua y decadente Mérida, Badajoz (con 10 ha intramuros), que en el siglo V/XI llegó a ser capital de los *aftasíes*, y los centros urbanos de Elvas, Évora y Alcácer con sus 7 ha de superficie amurallada. Era un territorio de grandes dimensiones y de población concentrada, atravesado por un intenso tráfico de mercancías entre el interior continental y los puertos del Sado y el Tajo.

C. T. / S. M.

RECORRIDO IV *El camino de al-Grab*
Elvas

IV.1 ELVAS

Información: Praça da República, tel.: 268 622236.

La existencia de Elvas en época islámica está bien atestiguada en fuentes musulmanas del siglo IV/X, pero puede ser anterior incluso.

Dos líneas de murallas, que formaron parte del sistema defensivo árabe de Elvas, dan fe de la dimensión de este centro urbano que el geógrafo al-Idrisi, en el siglo VI/XII, calificaba de *medina*. Si a este autor no le era indiferente la belleza de las mujeres que aquí vio, para otros, en el siglo V/XI, era una agradable sorpresa la riqueza de los campos que rodeaban Elvas. Esas informaciones tienen su eco en las importantes huellas dejadas en la toponimia, tanto urbana (Alcamin, Alcalá, Almocovar...) como rural (Torre do Mouro, Seixo dos Mouros, Herdade do Mouro, Horta do Mouro o Vale do Mouro, e incluso Fonte de Axá, Poço de Almourim, Alcarapinha, Alpedrede, Alfarófia, etc.).

Elvas fue objeto de una gran campaña de obras bajo el dominio almohade, obras que alcanzaron la *alcazaba* (véase Porta do Templo) y la muralla de la *medina*. Esta, que envuelve un área que ronda las 10 ha, presenta todavía vestigios de *tapial* militar en gran parte de su perímetro y fue reforzada con puertas en ángulo (hoy desaparecidas). De lo que se conserva, destaca una torre poligonal parcialmente alterada, conocida actualmente como Arco da Encarnação.

El trazado urbano, tanto en la *alcazaba* como en la antigua *medina*, presenta hoy callejuelas estrechas y tortuosas que pueden ser reminiscencias de un tejido urbano con varios siglos de herencia islámica.

La presencia islámica no cesó en Elvas con su incorporación a la corona portuguesa. La comunidad de "moros horros" o *mudéjares* llegó a ser, en el siglo XV, la segunda en importancia del Alentejo. Los "moros" elvenses distinguíanse como artesanos, dominaban la tecnología adecuada en el cultivo de los campos y entre ellos no faltaban mercaderes estrechamente vinculados con el reino vecino.

Elvas ha de incluirse en la ruta de las localidades portuguesas en que la epigrafía de época islámica dejó vestigios.

A pesar de que hayan desaparecido las lápidas fundacionales con caracteres arábigos que, por lo menos hasta el siglo XVII, se encontraban en la muralla de la *medina*

Arco do Miradeiro, Elvas.

RECORRIDO IV *El camino de al-Grab*
Elvas

elvense, recientemente se ha hallado, en un lugar cuya naturaleza aún no se sabe con exactitud, una lápida de carácter funerario y que, por el tipo de caligrafía, data probablemente de mediados del siglo VI/m. XII.

F. B. C.

IV.1.a Arco do Miradeiro o Porta da Alcáçova

La llamada Porta da Alcáçova (Puerta de la *Alcazaba*) o Arco do Miradeiro (Arco del Mirador) se compone de una puerta de entrada recta, flanqueada por dos torres cuadrangulares y macizas. En su construcción se usaron grandes sillares graníticos, provenientes probablemente de una construcción de época romana o tardorromana. Aunque actualmente el arco de la entrada sea un semicírculo más o menos perfecto, esta puerta tenía un arco de herradura, destruido en 1887. De esa entrada original se conserva, afortunadamente, un negativo fotográfico hecho por un ciudadano polaco que había visitado Elvas. Aparentemente, se trata de un arco sin marco o alfiz.

Este conjunto de indicios apunta a un sistema de entrada que, en términos cronológicos, puede corresponder a los periodos emiral y califal (siglos III/IX-IV/X).

F. B. C.

Porta do Templo, Elvas.

IV.1.b Porta do Templo

Largo de Santa Clara.

Esta puerta del recinto de la *alcazaba* se conocía, ya en el periodo cristiano, como Porta do Templo, por hallarse junto a ella edificios de la orden religioso-militar de los templarios.

Actualmente, para acceder al espacio de la *alcazaba* islámica, se atraviesa una entrada recta abierta en la pared de *tapial* (*tabiyya*) de su recinto amurallado y hoy perteneciente a una casa particular, aunque visible desde la calle. Antiguamente, por razones defensivas, el acceso era tortuoso, consistente en un sistema de doble entrada con un ángulo de 90° y una cámara o patio intermedio. El arco, al contrario que el Arco do Miradeiro, estaba enmarcado por un alfiz. Basándonos en los elementos estructurales y tipológicos, hay que fechar la construcción de esta entrada en una fase posterior al Arco do Miradeiro; es muy probable que corresponda a una ampliación hecha bajo

RECORRIDO IV   *El camino de al-Grab*
Juromenha

Fortificación, Juromenha.

dominio almohade, a juzgar por las semejanzas que guarda con obras defensivas semejantes datadas en esa época.

F. B. C.

A la salida de Elvas, seguir la Estrada 4 en dirección a España, torcer a la derecha en el cruce y continuar luego por la carretera 373. Pasados unos 17 km, torcer a la izquierda, hacia Juromenha.

IV.2 **JUROMENHA** (opción)

IV.2.a **Fortificación**

Las visitas deben concertarse a través de la Junta de Freguesia (Junta de Distrito), tel.: 268 969002.

La fortificación de Juromenha, protegida por el Mures y el Guadiana —río del cual controla uno de sus puertos naturales— se asienta sobre una zona de tierras fértiles y aguas ricas en peces, sin que falten en sus alrededores vestigios de antiguas explotaciones mineras. Ocupa una posición dominante desde la que se avista, en la lejanía, Badajoz.

A pesar de que las profundas obras llevadas a cabo a partir del siglo XVII han destruido muchos vestigios de las ocupaciones de épocas anteriores, conserva aún gran parte del perímetro amurallado medieval, a destacar las murallas de época islámica.

En el extremo nordeste queda una torre maciza, de albañilería, donde se han colocado tres piedras datadas en época visigótica (dos partes de un friso y un pie de altar), torre que quizá sea contemporánea

RECORRIDO IV *El camino de al-Grab*
Alandroal

Castillo, Alandroal.

de la fase en que buena parte del territorio del occidente peninsular afirmó su autonomía frente al poder de Córdoba al mando de Abd al-Rahman Ibn Marwan al-Yilliqi, en el siglo III/IX.

Pegados a la torre se encuentran lienzos de muralla en *tapial* de tipo militar. Estas murallas, cuya última reforma debe de datar de época almohade, presentan, aparte de la mencionada, algunas torres regulares y poco espaciadas entre sí, sin entradas en ángulo, semejantes a las de las fortificaciones de época califal (siglo IV/X).

Además, Juromenha es citada ya en el siglo IV/X por geógrafos del mundo islámico. Ibn Sahib al-Sala, por su parte, da abundantes pormenores de su ocupación por Geraldo Sin Miedo y sus hombres durante los años 561/1166 a 564/1169. Según el filósofo Ibn Arabi, a finales del siglo VI/f. XII-p. VII/p. XIII cumplía las funciones de *ribat* o eremitorio fortificado musulmán dedicado a la *yihad*.

Seguramente data de época islámica el inicio de la utilización del conjunto de silos para almacenar cereales, que las excavaciones arqueológicas han localizado en su interior.

F. B. C.

Retomar la Estrada 373 en dirección a Alandroal (16 km aproximadamente).

IV.3 **ALANDROAL** (opción)

IV.3.a **Castillo**

Información: Rua de Olivença, tel.: 268 440040.

El castillo de Alandroal es un signo evidente de la capacidad de las poblaciones de "moros horros" o *mudéjares* que permanecieron en esta región incluso después de la incorporación del territorio a la corona portuguesa.

Se trata de una fortificación que la Orden de Avís mandó construir a finales del

RECORRIDO IV *El camino de al-Grab*
Vila Viçosa

Castillo, adarve, Alandroal.

siglo XIII, más concretamente en 1298, durante el reinado de D. Dinis. Su arquitecto, albañil o maestro constructor fue el musulmán Maestro Calvo, a quien, curiosamente, los señores de la villa y del castillo no impidieron la colocación, en una esquina de la torre derecha de una de las puertas de la fortificación, de una lápida en la que, además de identificarse como autor de la construcción, utiliza una expresión equivalente a la divisa de los reyes nazaríes de Granada. Sin embargo, las marcas de un gusto de sello islámico no se quedan en esto. Aparte de algunos aspectos propios de la construcción, como por ejemplo la preferencia por las torres cuadrangulares, y de otras inscripciones que se encuentran grabadas en sus muros y evidencian la influencia musulmana, hay que destacar una pequeña y discreta ventana con arco de herradura apuntado y alfiz, común en decoraciones de la fase final del dominio islámico.

El castillo de Alandroal es, por esta serie de características, uno de los mejores ejemplos de arte *mudéjar* del Alentejo, con todo lo que ello tiene de compromiso entre el mundo cristiano medieval, dominante, y una minoría islámica no despojada de formas y valores propios.

F. B. C.

A la salida de Alandroal, seguir la Estrada 255 en dirección a Vila Viçosa. Para dirigirse a Évora, coger la 373 hasta el cruce para Redondo y torcer luego por la carretera 254 hasta Évora.

IV.4 **VILA VIÇOSA** (opción)

IV.4.a Castillo

Información: Praça da República, tel.: 268 881101.
Acceso con entrada. Horario: martes a domingos de 9 a 13 y de 15 a 18; lunes y festivos cerrado.

Poco queda de la antigua muralla que rodeaba el pueblo islámico bautizado como Vila Viçosa tras la conquista cristiana y que

RECORRIDO IV   El camino de al-Grab
Évora

Castillo, Vila Viçosa.

obtuvo su fuero en 1270. El sistema defensivo actual pertenece principalmente al siglo XIV. Una parte significativa del núcleo urbano antiguo fue destruida a principios del siglo XVI para construir un sólido fortín abaluartado, que ya estaba concluido en 1537. En el interior de esta hermosa fortaleza renacentista de la casa de Braganza se conserva una notable colección de objetos arqueológicos, entre los que destacan algunas piezas de cerámica de época musulmana desenterradas en el interior del pueblo.

C. T.

Para dirigirse a Évora, seguir la carretera 254 en dirección a Redondo.

IV.5 ÉVORA

IV.5.a Évora islámica

Información: Praça do Giraldo, tel.: 266 702671.

Pese a que la ciudad nunca tuvo la importancia de otras urbes de al-Andalus, los vestigios que subsisten de la época islámica son más que suficientes para justificar una mirada más atenta.

Las murallas, sin ir más lejos, reconstruidas a finales del siglo III-p. IV/p. X y que envuelven las 7 ha de superficie intramuros, se atribuyeron durante muchos años a manos romanas o visigodas. A ellas está ligado uno de los episodios más conocidos de la historia de la Évora musulmana. En la noche del 19 de agosto del año 300/913, las huestes de Ordoño II "entraron en la ciudad, donde el combate y la matanza alcanzaron el paroxismo, pereciendo muchos de ambos lados hasta que los cristianos se impusieron en número, derrotándolos y haciéndolos refugiarse en la parte oriental de la ciudad", según Ibn Hayyan. Solo escaparon algunos habitantes, que buscaron refugio en los puntos más altos de los edificios antiguos y que, cuando cayó la noche, lograron escapar hacia Beja.

RECORRIDO IV *El camino de al-Grab*
Évora

Después de este desastre, "se conmovieron todas las gentes del Occidente [...], comenzaron a reparar sus murallas, a proteger sus puntos débiles y a fortalecer sus baluartes diligentemente".
El relato que hace en el siglo V/XI Ibn Hayyan (*al-Muqtabis V*) está corroborado por el epigrama, hoy conservado en el Museo de Évora, que señala las obras (302/915).
De Évora se sabe también que la *alcazaba* estaba situada en el lugar que hoy ocupa el palacio de los condes de Basto y que a la *aljama* (mezquita mayor) vino a superponerse la Sé-Catedral.
Y si una revisión atenta de los documentos y la muralla permitió reunir argumentos referentes a la Évora islámica, la ciudad tiene todavía otros elementos dispersos de esta época: los capiteles califales que adornan discretamente dos ventanas del palacio Cadaval y algunas inscripciones que conmemoran construcciones mandadas hacer en la ciudad o que señalan el fallecimiento de fieles en esta o aquella fecha.

S. M. / C. T.

IV.5.b **Museo de Évora**

Largo Conde de Vila Flor, tel.: 266 702604. Acceso con entrada, excepto los domingos por la mañana. Horario: de 9:30 a 12:30 y de 14 a 17:30; lunes y martes por la mañana cerrado.

El conjunto de objetos islámicos se formó a partir de la colección arqueológica de Fray Manuel do Cenáculo, arzobispo de Évora entre 1802 y 1814, de las piezas encontradas en la ciudad y depositadas en la Biblioteca Pública, de adquisiciones y donaciones, y de recientes excavaciones en el propio edificio del museo. Aunque abarca escultura, cerámica y numismática, son las inscripciones lapidarias el conjunto más representativo, con cinco ejemplares

Restos de la muralla, Évora.

RECORRIDO IV *El camino de al-Grab*
Évora

Capitel de mármol,
f. siglo IV/f. X,
Museo de Évora.

Lápida con inscripciones
conmemorativas,
302/915,
Museo de Évora.

de Évora y uno de Mértola, proveniente de la antigua colección Cenáculo.

Tiene especial significación la lápida árabe más antigua encontrada hasta hoy en territorio portugués, un relieve en *cúfico* arcaico y que puede datarse en 302/915, ya que se refiere a la reconstrucción de Évora. Según los datos históricos conocidos, fue en esas fechas cuando el señor de Badajoz reconstruyó la ciudad, después de que esta hubiera sido abandonada, un año antes, a consecuencia de la invasión y el violento saqueo de Ordoño II de Galicia. Este fragmento de una lápida de mármol tiene la peculiaridad de que fue reutilizado casi dos siglos más tarde, cuando se grabó en el reverso una inscripción conmemorativa de un edificio que mandó construir el entonces señor de Évora Abu Muhammad Sidray Ibn Wazir al-Qaysi, figura relevante en el periodo de los segundos reinos de *taifa*.

También notables son dos dinteles epigrafiados de finales del siglo V/f. XI y una lápida funeraria, de arco "simbólico" y profusa decoración, del siglo VII/XIII. De los tres capiteles del siglo IV/X que forman parte de la colección, dos, de idéntica factura y dimensiones, recientemente adquiridos y que, según parece, se encontraron en Beja en los años cuarenta durante las obras de remodelación de un edificio, son dos excelentes y bien conservados ejemplos del refinado arte escultórico de finales de la época califal.

La intervención arqueológica efectuada en el interior del museo con la finalidad de ver las posibilidades de ampliación del sótano existente reveló una serie de estructuras y materiales esenciales para el conocimiento del periodo musulmán de Évora. El conjunto forma la primera zona de viviendas que se descubre en la ciudad. Ha sido posible identificar un nivel más antiguo, de época emiral, así como un núcleo más extenso de construcciones de época más tardía (siglo V/XI). Entre estas, por su estado de conservación, destaca una letrina con su correspondiente fosa.

Este expolio, en que sobresalen las cerámicas en *cuerda seca* y los vidrios decorados en *verde y manganeso*, ha enriquecido sobremanera la colección, contextualizándola histórica y museísticamente en la Évora islámica.

A. G. M. B.

IV.5.c **Muralla antigua**

En una ciudad dominada por el Templo de Diana, por las memorias del periodo romano y por el Renacimiento, a duras penas resulta visible la época islámica. Reaprovechando sillares más antiguos e imitando de forma irregular el aparato romano, la muralla musulmana de Évora (construida a finales del siglo III-p. IV/ p. X) introdujo en el occidente peninsular elementos de tradición siria: los torreones pasan a estar menos espaciados entre sí y se destacan poco de las murallas. Del amurallamiento que antaño rodeaba la ciudad por la que pasaron Ibn Abdun o Ibn Wazir quedan dos cortos pero significativos tramos: uno en la parte norte (orientado a la Universidad de Évora y sobre el cual se construyó el palacio de los condes de Basto), y otro en el oeste (en el interior de un edificio, en la Rua de Burgos n.º 5, donde funcionan

servicios dependientes del Ministerio de Cultura).

S. M.

Palacio de los Condes de Basto, lienzo de muralla, Évora.

*Se sugiere enlazar con la Exposición MSF española **EL ARTE MUDÉJAR. La estética islámica en el arte cristiano**, y realizar la visita al Recorrido X, Mecenazgo nobiliar y monástico, que comprende las ciudades de Guadalupe, Llerena, Zafra y Calera de León.*

Rua de Burgos, lienzo de muralla, Évora.

RECORRIDO V

Un reino de taifa: Mértola

Santiago Macias, Cláudio Torres, Miguel Rego, Maria João Vieira

V.1 BEJA
    V.1.a Beja islámica
    V.1.b Museo Reina D.ª Leonor

V.2 MOURA
    V.2.a Castillo
    V.2.b Museo Municipal de Moura
    V.2.c La Mouraria y el pozo árabe

V.3 NOUDAR
    V.3.a Castillo

V.4 SERPA - VILA BRANCA
    V.4.a Conjunto urbano
    V.4.b Murallas
    V.4.c Museo Arqueológico de Serpa

V.5 MÉRTOLA
    V.5.a Museo de Mértola
    V.5.b Barrio islámico
    V.5.c Castillo
    V.5.d Iglesia mayor de Nossa Senhora da Anunciação (antigua mezquita)

Tejeduría

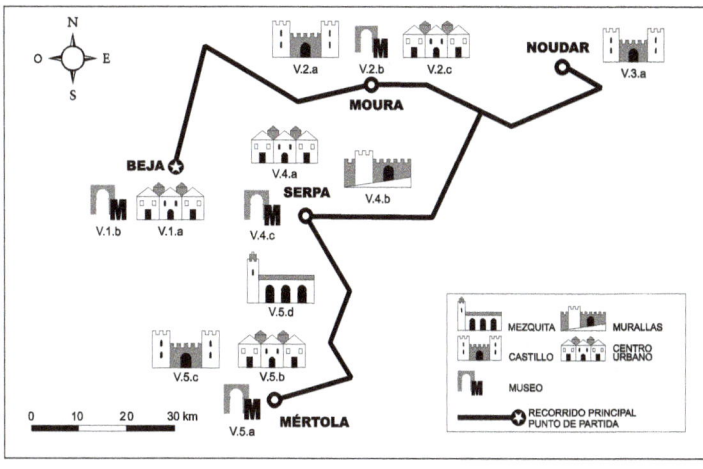

Iglesia mayor (antigua mezquita), interior, Mértola.

Mértola.

Este recorrido abarca, en gran medida, el antiguo término de Beja. Esta vasta área, que se extendía desde la costa atlántica hasta la sierra de Aracena (hoy perteneciente a la provincia española de Huelva), se organizaba en torno a la vía que unía las ciudades de Beja y Mértola. Alrededor de esta vía se estructuró toda una región, desde las tierras de la margen izquierda del Guadiana, donde Aroche imponía su autoridad sobre Moura, Serpa, Noudar y Totalica (Santo Aleixo), hasta el alto Sado o São Romão. En la costa, menos habitada, se destacaban el enclave fortificado de Santiago do Cacém, bañado por una antigua laguna marítima, y el puerto de Sines, cuyo nombre en época musulmana era Marsa Hasin.

Más al sur, al doblar la sierra, se situaban los pueblos fortificados de Castro da Cola, Ourique y Odemira, y el *borsh* de Mesas do Castelinho, sitios todavía comprendidos en un término que se extendía hasta los acantilados desérticos de la costa occidental. Una población dispersa de pastores y pequeños agricultores parece haber controlado estos puntos fortificados de larga supervivencia histórica.

La historia de esta región en el periodo islámico estuvo marcada por lo que sucedía en las principales sedes del poder. A lo largo de más de cinco siglos (entre 92/711 y 647/1250), este vasto territorio fue escenario de un permanente juego

de tensiones entre la centralización impuesta por Córdoba o Sevilla y las tentativas de autonomía de las poblaciones locales. En este contexto se incluyen las revueltas de Beja (p. m. siglo II/m. VIII), las sucesivas rebeliones encabezadas por los Banu Marwan (m. siglo III/s. m. IX), las *taifas* de mediados del siglo V/m. XI y las campañas militares impulsadas por Ibn Qasi a mediados del siglo VI/m. XII.

Aparte de la agricultura, fuertemente arraigada en la región y que justificó un denso poblamiento de *villæ* en época romana, fueron los metales los que proporcionaron a la región del Bajo Alentejo uno de sus principales recursos y una fama que llegó hasta el periodo musulmán.

Decían los poetas de la Antigüedad que el sol, al ponerse por occidente, se zambullía en torrentes de oro líquido y originaba la incandescencia del ocaso. La riqueza aurífera y metalífera de Iberia era, sin embargo, algo más que un mito. Hoy sabemos que en las más inhóspitas serranías del interior del Bajo Alentejo se explotaron, durante varios siglos, importantes filones de mineral.

Ibn Razi mencionaba la existencia en el término de Beja, en tiempos de los musulmanes, de una importante mina de plata pura. Llamada Totalica y hoy identificada como la aldea de Santo Aleixo (Moura), se decía que "los pobladores la tienen escondida y se ayudan de ella", o sea, que los habitantes extraían el mineral en secreto, en un lugar desconocido. El cobre, que aún seguía explotándose en época islámica, se extraía en pequeñas cantidades de las antiguas minas romanas de la franja piritosa del Alentejo, aunque de ello queden pocas huellas arqueológicas. El bronce servía todavía, por entonces, de materia prima para una metalurgia doméstica de objetos de la vida cotidiana, desde hebillas, puntas de huso y pendientes, hasta arneses y partes de armas y armaduras.

La documentación escrita del periodo islámico sobre el territorio de Beja es singularmente escasa, por lo que la mayor parte de lo que sobre él se escribe está basada en datos arqueológicos, en lecturas topográficas o en elementos que a veces nos ofrece la toponimia. Según Ibn Galib, "la cora de Beja confina con la cora de Mérida. Su terreno favorece el cultivo de cereales y la crianza de ganado. Sus flores son buenas para las abejas y por eso tiene mucha miel. Sus aguas tienen la propiedad de curtir las pieles de una manera incomparable. Su territorio es enorme, y contiene ciudades-fortaleza y distritos. Entre sus ciudades se cuentan Alcácer do Sal y Aroche. De Beja a Mérida son tres días a caballo".

Difícilmente, sin embargo, podrá reconocerse en la actualidad el paisaje que existía en época musulmana. Las sucesivas limpiezas de terreno, y en particular las que tuvieron lugar en el siglo XIX, dieron a la región su aspecto actual, ciertamente muy diverso del que se ofrecía a los ojos de los habitantes de al-Garb hace mil años.

Desde el punto de vista urbano, sucesivas alteraciones y ampliaciones —las murallas del feudalismo, los baluartes de la Restauración, el crecimiento de los pueblos durante el siglo XIX— dejaron muy pocas estructuras islámicas en estado reconocible.

Desde el punto de vista físico, no resulta fácil identificar la mayor parte de los lugares, incluso contando con los recientes esfuerzos de la arqueología. En muchos sitios, el periodo islámico solo puede constatarse por la presencia de alguna que otra pieza. A veces son solo la toponimia, la topografía o la propia lógica de la ocupación del territorio las que permiten señalar la importancia de algunos lugares en la época islámica. En ciertos casos, como el de Aljustrel, fue poco lo que quedó desde el punto de vista físico, al tiempo que en otros, como Ourique, el

Vasija, siglos VI/XII-VII/XIII, Museo Reina D.ª Leonor, Beja.

tiempo y los hombres se han encargado de ir eliminando lo que el pasado islámico nos había dejado.

Fuera de esta ruta quedaron, de todas formas, los sitios rurales o aquellos que, por su aislamiento, hacen difícil su inclusión en un recorrido turístico. Se integran en este grupo enclaves arqueológicos de innegable interés, como Alcaria Longa o Mesas do Castelinho.

Destino diferente tuvieron algunos de los principales centros urbanos. Beja retomó plenamente, después de la Reconquista, su papel de ciudad-llave del territorio. Fue adquiriendo, siglo tras siglo, importancia y poderío, en un proceso de expansión que hace difícil hoy la identificación de los restos del pasado islámico en el seno de la ciudad actual.

Bien diferente fue el caso de Mértola. Un prolongado estancamiento a lo largo de las edades Media y Moderna permitió que algunos de los vestigios de la época islámica llegasen hasta nosotros en condiciones de ser reconocidos. Entre ellos están un trecho de la muralla norte y, sobre todo, algunos elementos arquitectónicos de la antigua mezquita local.

En otros lugares de menor relieve del mismo periodo, como Moura, Serpa, Noudar o Aroche, se conjugan la existencia de sus respectivos castillos —en los que se reconocen a veces trozos de las murallas almohades— con otros vestigios arqueológicos o incluso con sugestivas leyendas.

S. M. / C. T.

V.1 BEJA

V.1.a Beja islámica

Información: Rua Capitão João Francisco de Sousa, 25, tel.: 284 311913.

Cuenco decorado en verde y manganeso, siglo IV/X, Museo de Mértola.

Ciudad de brillante pasado en las épocas romana y altomedieval, Beja desempeñó un papel de relieve en la evolución política de Garb al-Andalus en diversas ocasiones. La ciudad fue, varias veces, sede de importantes rebeliones que trataron de contrarrestar la hegemonía política de grandes urbes como Córdoba o Sevilla.

Según al-Maqqari, Beja, además de poseer en su territorio muchas minas de plata, tenía "la gloria de ser la tierra natal de al-Mu'tamid Ibn Abad". Otro autor, al-Razi, como transcribe la *Crónica General de España* de 1344, afirmaba: "Beja es una de las antiguas ciudades que hay en España y fue hecha en tiempos de Julio César, que fue el primero de los césares. Y Julio fue el primero que comenzó a cuadrar y partir la tierra. Beja es muy buena tierra y de buena simiente y de muy buena crianza. Es muy buena tierra de colmenas, que hay ahí flores muy buenas y muy provechosas para las abejas. Y el agua de Beja es en su naturaleza buena para el curtido de cueros.

RECORRIDO V *Un reino de taifa: Mértola*
Beja

Lápida funeraria de mármol, 487/1095, Museo Reina D.ª Leonor, Beja.

Y hay en ella muchas y buenas calles y muy anchas". La comunidad *mozárabe* de Beja, según se supone, tuvo que conservar cierto poder. Apuntan en ese sentido la persistencia de cultos cristianos antiguos y las obras de que fueron objeto sitios como la iglesia de Santo Amaro,

Lápida funeraria de mármol, 531/1136, Museo Reina D.ª Leonor, Beja.

reconstruida o modificada en los siglos IV/X-V/XI.

A partir del siglo V/XI, con la creciente importancia de Évora y, principalmente, con la fragmentación política de los reinos de *taifa*, la decadencia de Beja se acentuó, por lo que no es de extrañar que la bien fortificada Mértola pasase a ser, temporalmente, capital de la región.

La memoria de la ciudad islámica está oculta hoy tras las sucesivas intervenciones urbanas obradas en el centro histórico. Las más importantes fueron, sin duda, las habidas en el siglo XIX, época en que se demolieron extensas zonas de la ciudad medieval. El tardío arco de herradura de la torre del homenaje del castillo, unos epigramas del Museo Regional y alguna que otra pieza de cerámica son los vestigios visibles de la que fue una de las ciudades más importantes de Garb al-Andalus.

S. M.

V.1.b Museo Reina D.ª Leonor

Largo da Conceição, entrada por la iglesia del Convento da Conceição, tel.: 284 323351. Acceso con entrada. Horario: de 9:30 a 12:30 y de 14 a 17:15; lunes y festivos cerrado.

La primera colección arqueológica de Beja fue la que Fray Manuel do Cenáculo Villas-Boas reunió a finales del siglo XVIII. Al ser nombrado arzobispo de Évora en 1802, hizo transportar a esta ciudad parte de las piezas arqueológicas pacenses.

El Museo Arqueológico de Beja se inauguró —en buena medida gracias al empeño de José Umbelino Palma— a finales de 1892, reuniéndose en él sobre todo materiales romanos de la ciudad de Beja, por entonces objeto de amplios proyectos de

RECORRIDO V *Un reino de taifa: Mértola*
Moura

obras. En 1927-28 se instaló el Museo Regional de Beja en la parte que aún existía del monasterio de Nossa Senhora da Conceição, lugar donde actualmente se encuentra su núcleo central.

En un edificio marcado sobre todo por el recuerdo de la pasión de Sor Mariana Alcoforado por un caballero francés, no son abundantes las piezas del periodo islámico. En un catálogo del museo hecho en los años cincuenta solo figuran dos lápidas funerarias de esa época. Desde entonces han venido a incorporarse algunos materiales más (provenientes principalmente de Castro da Cola), sin que pueda decirse que las piezas existentes hagan justicia a la importancia de la Beja islámica. El Museo Regional de Beja dispone de una importante y significativa colección epigráfica, constituida mayoritariamente por lápidas funerarias recogidas con toda probabilidad junto al o los *almacabras* de la ciudad. Del antiguo edificio del colegio de los jesuitas llegó una colección de tablas caligrafiadas, que normalmente no está expuesta al público y que se supone pertenecieron a Fray Manuel do Cenáculo.

El museo cuenta con seis inscripciones funerarias, cuatro de ellas fechadas. El epigrama más antiguo data de 440/1048-479/1087 y señala el fallecimiento de Malik Ibn Hassan. La más reciente de las lápidas de Beja data de 531/1136 y hace referencia a un tal Muhammad Ibn Mufarrich Ibn Hud. Fue mencionada por primera vez por Leite de Vasconcelos y se trata de una lápida de época paleocristiana, reutilizada por el reverso para la inscripción árabe. Formaba parte de los cimientos del dormitorio nuevo del Convento da Conceição y se recogió durante las obras realizadas en él en mayo de 1896.

El Convento da Conceição está catalogado como Monumento Nacional desde 1922.

S. M.

A la salida de Beja, seguir por la IP2 en dirección a Évora. Al cabo de 21 km aproximadamente, coger la carretera 258 en dirección a Moura.

V.2 MOURA

V.2.a Castillo

Información: Largo de Santa Clara, tel.: 285 251375.

El castillo de Moura está ligado a la romántica leyenda de la Mora Saluquia, la

Castillo, torreón en tapial, Moura.

RECORRIDO V *Un reino de taifa: Mértola*
Moura

Castillo, lápida conmemorativa de la construcción del alminar de la mezquita, 444/1052, Moura.

supuesta última alcaidesa de la ciudad. En realidad, la palabra "celoquia" designa una torre, a la que la tradición popular se encargó de dar otro significado.

Pueblo de pequeñas dimensiones en época islámica, su muralla defendía las 2 ha de intramuros. Han llegado hasta nosotros algunos fragmentos del muro almohade (m. siglo VI/m. XII), en gran parte destruido en la segunda mitad del siglo. De las murallas de *tapial* que antaño rodeaban la población queda hoy, como vestigio más importante, un torreón cuadrangular que asoma por encima del edificio de la Biblioteca Municipal. Después de una reciente restauración, en su fachada principal se distingue, con alguna dificultad, la pintura a cal que imitaba grandes sillares y que se asemeja a la que puede verse en los castillos de Alcácer do Sal o de Salir (Loulé). El castillo de Moura está catalogado como Inmueble de Interés Público desde 1944.

S. M.

V.2.b Museo Municipal de Moura

Rua da Romeira, tel.: 285 250040.
Horario: mayo a septiembre, de martes a viernes de 9:30 a 12:30 y de 14:30 a 18, sábados y domingos de 10 a 12:30 y de 16 a 19; octubre a abril, de martes a viernes de 9:30 a 12:30 y de 14:30 a 18, sábados y domingos de 10 a 12:30 y de 14:30 a 17; lunes cerrado.

En el pequeño Museo Municipal se conservan algunas piezas que atestiguan el interesante pasado islámico de la ciudad.

Además de la cerámica de época califal, destacan en esta colección dos paneles de hueso pintado que pertenecieron a una pequeña arqueta, posiblemente fabricada en un taller granadino en el siglo VII/XIII. La decoración está dominada por un rosetón central de lazos con dos figuras humanas a los lados. Bulbos vegetales, que rematan largos tallos, y flores de loto sugieren un ambiente paradisíaco.

También merecen citarse las lápidas funerarias, entre las que sobresale, por su rareza, la que data de 769/1368, o sea más de 130 años después de la reconquista de la ciudad. Encontradas casualmente en la misma zona, permitieron localizar el *almacabra* de la ciudad, situado en una zona contigua a la actual Mouraria.

Hay que señalar también la existencia, junto a la fuente del castillo, de una lápida conmemorativa de la construcción del alminar de la mezquita que mandó levantar al-Mutadid a mediados del siglo V/m. XI (año probable: 444/1052).

S. M.

RECORRIDO V *Un reino de taifa: Mértola*
Moura

V.2.c La Mouraria y el pozo árabe

Para visitar el pozo árabe, ponerse en contacto con D.ª Joaquina Rosa Silva, 2.ª rua da Mouraria, 28, tel.: 285 251377.

Después de la toma de la ciudad en 629/1232, las familias más pudientes debieron emigrar al reino de Granada, postrer refugio del Islam en la Península Ibérica. Los que se quedaron se sometieron y fueron a vivir en un arrabal construido en unos terrenos al oeste del castillo.
Aunque parcialmente destruido por la construcción de las murallas del siglo XVII, y a pesar de que lo hayan adulterado intervenciones arquitectónicas poco afortunadas, el barrio de la Mouraria (catalogado como Inmueble de Interés Público desde 1993), hoy compuesto por tres calles, una travesía y una plaza, muestra bien marcadas aún sus características urbanas de barrio medieval. En el Largo da Mouraria (la plaza) puede visitarse una antigua vivienda en la que se conserva el brocal de un pozo que se data en el siglo XIV.

S. M.

A la salida de Moura, proseguir por la Estrada 258 en dirección a España, hasta Barrancos, y torcer luego para Noudar.

Rua da Mouraria, pozo árabe, siglo XIV, Moura.

Leyenda de la Mora Saluquia

Leyenda de perfil romántico, creada probablemente en el siglo XIX, cuenta la trágica historia del día de la boda entre la alcaidesa Saluquia, de Moura, y el príncipe Brafama, de la vecina villa de Aroche.
Brafama, señor de Aroche, marchaba hacia Moura, donde iba a desposar a la alcaidesa Saluquia, cuando cayó en una emboscada de los caballeros cristianos. Vencidos y muertos los musulmanes, los cristianos vistieron sus ropas y se dirigieron a Moura haciéndose pasar por la comitiva del casamiento.
Saluquia mandó abrirles las puertas pero, al darse cuenta del engaño, se arrojó desde las murallas del castillo con las llaves de la fortaleza en la mano.
La leyenda se ha perpetuado en las armas de la ciudad, que presentan a Saluquia caída junto a la torre del castillo.

S. M.

RECORRIDO V   *Un reino de taifa: Mértola*
Noudar

Castillo, Noudar.

Lápida funeraria de pizarra, 473/1080, Noudar.

V.3 NOUDAR

V.3.a Castillo

Información: Ayuntamiento de Barrancos, tel.: 285 950630.
Horario: de 8 a 19; lunes cerrado.

Noudar, en el límite de la *cora* de Beja, sería un pequeño pueblo en los inicios de la presencia musulmana en la Península Ibérica. A fines del siglo IV/f. X y principios del V/p. XI, su defensa se reforzó con la construcción de un humilde *hisn* o un *borsh* en *tapial*. Por lo demás, quedan aún restos visibles en la zona de la *alcazaba* del castillo, a pesar de que fueron revestidos con la muralla de pizarra del siglo XIV.

Dominando la vía que unía la región de Beja y Moura con la antigua Vía de la Plata pasando por Jerez de los Caballeros, el castillo cumplía las funciones de atalaya, según indican su localización y el nombre del lugar, que significa "mirar, ver" (ár. *nadara*). La estructura fortificada se alzaba en la parte más alta de un gran espolón rocoso entre las riberas del Múrtega y el Ardila, donde antes habría una pequeña basílica paleocristiana, mientras que el arrabal de viviendas rodeaba toda la cima del cerro, salvo la vertiente sur.

Las dos lápidas funerarias con caracteres árabes y la colección de monedas de plata del siglo V/XI y, ya de los siglos VII/XIII, la punta de vaina de daga y la extensa colección de cerámica que de aquí provienen sugieren que se trata de un lugar importante en este territorio de frontera con el término de Badajoz, ocupado de forma ininterrumpida hasta mediados del siglo XIX.

Conquistado en la primera mitad del siglo VII/p. m. XIII, el pueblo de Noudar fue donado a la Orden de Avís, que creó la actual fortaleza amurallada de 12.000 m²

RECORRIDO V *Un reino de taifa: Mértola*
Noudar

Castillo, Noudar.

de superficie. En 1295, D. Dinis otorgó a la villa sus fueros y, en 1308, se convirtió en el primer *Couto de Homiziados* (refugio de fugitivos) de Portugal.

M. R.

Las piezas arqueológicas a que se hace referencia en el texto se encuentran en restauración para su futura exposición al público.

Para dirigirse a Serpa, retomar la carretera 258 hasta Moura y allí seguir la 255 en dirección a Pias/Serpa (aproximadamente 76 km).

> **Parque Natural Picos de Aroche y Aracena (España)**
> Poco a poco la planicie se deja engullir por las vertientes occidentales de la Serra Morena. Las anchas llanuras de los parajes de Beja se estrechan en los valles que delimitan los ríos Chança, Múrtega y Ardila. Las elevaciones de la sierra de Aracena y los Picos de Aroche marcan al este los lindes de la cora de Beja. Hacia levante, en los siglos IV/X y V/XI, el término de al-Munastir (Almonaster la Real), puerta del reino abadí de Sevilla, defendía las vías de penetración hasta la región minera de Andévalo y hasta la capital a orillas del Guadalquivir. Entre este territorio y el de los expansionistas aftasíes de Badajoz, Arun (Aroche) fue en el siglo IV/X de al-Razi un castillo de Beja. La región que hoy es el Parque Natural de la Sierra de Aracena y de los Picos de Aroche tenía, por su perfil montañoso, un papel importante en la delimitación de estos grandes centros polarizadores: Beja y Mértola, Badajoz y Sevilla. De población escasa, que habitaba en pequeñas alquerías, estos pueblos estaban provistos en ocasiones de pequeños recintos amurallados para la defensa de ganado y personas, como Aracena, o incluso de murallas de fábrica militar, como Cortegana. Región rica en madera de castaño, encina y alcornoque, y con tierras propicias para la cría de ganado, la producción de miel y el tratamiento de pieles, la sierra nunca dejó de ser territorio codiciado en periodos de fraccionamiento de los poderes políticos regionales.

M. R.

RECORRIDO V   Un reino de taifa: Mértola
Serpa – Vila Branca

Almonaster, Aroche y Señora de la Peña (España)
En la zona más alta de al-Munastir se yergue el castillo, con una superficie aproximada de 8.000 m². Al norte se asienta Almonaster la Real, núcleo urbano cuyo crecimiento se dio principalmente a partir del siglo XV. La muralla medieval se alza sobre restos de muros de época romana y, en el interior de la alcazaba, se encuentra la mezquita musulmana convertida en ermita dedicada al culto de Nuestra Señora de la Concepción.
Para levantar la mezquita se aprovecharon restos romanos y paleocristianos, y el mihrab *y el muro de la* qibla *están considerados como dos de los más antiguos que se conservan (siglos II/VIII-III/IX) del Islam occidental.*
Al-Munastir fue cabeza de una circunscripción militar y fiscal en el siglo IV/X, frente al territorio de Beja/Mértola, del que Aroche era la fortaleza más oriental.
El actual castillo de Aroche conserva todavía la muralla de los siglos VI/XII-VII/XIII y, a escasos 500 m al nordeste, se han encontrado recientemente restos de viviendas del arrabal, abandonado con toda probabilidad a finales del siglo V/p. XI.

La militarización, a partir del siglo V/XI, de pueblos situados en lugares clave de Beja/Mértola llevó al amurallamiento de Alfajar o Alfayat de la Peña, a 2 km de La Puebla de Guzmán, uno de los castillos conquistados por las huestes de D. Sancho II en 636/1239, en su incursión de Mértola a Tavira. Hoy, de Alfajar apenas puede verse el lugar donde estaba la fortaleza, los restos de sus gruesos muros y los de algunas viviendas. A su lado se yergue el santuario de la Virgen de la Peña.

M. R.

V.4 SERPA - VILA BRANCA

V.4.a Conjunto urbano

Información: Largo D. Jorge de Melo, 2-3, tel.: 284 544727.

Serpa es uno de esos lugares donde ha dejado huella la continuidad de la ocupación humana, en una evolución de siglos marcada por la coexistencia y superposición de sucesivos estratos históricos.

Conjunto urbano, Serpa.

RECORRIDO V *Un reino de taifa: Mértola*
Serpa – Vila Branca

El pasado de la villa tiene, con todo, perfiles poco claros que solo los hallazgos arqueológicos en el área urbana podrán precisar. Pese a que la intensidad en el uso de los espacios y la yuxtaposición de vidas cotidianas dificultan la lectura del tejido urbano, se perciben claramente dos polos generadores principales.

Por un lado, el popularmente conocido como Castelo Velho (Castillo Viejo), punto más alto del pueblo, representa su perímetro más antiguo. Allí, donde surgieron las primeras viviendas, protegidas por un castillo con sus murallas, se encuentra hoy un pequeño barrio de casas bajas, y calles estrechas y sinuosas. Indiferente a las construcciones seculares de sus inmediaciones se alza la iglesia mayor de Santa María, que se supone antigua mezquita sacralizada.

Por otro lado, el recinto de murallas que mandó construir D. Dinis constituyó el foco congregador y regulador del entramado urbano a partir de los siglos XIV-XV.

Puesto que las ciudades reflejan formas complejas de organización social, es un lugar común hablar de los rasgos aristocráticos de la villa de Serpa. Verdadero depósito de conjuntos arquitectónicos de carácter cultural, de casas hidalgas que orgullosamente ostentan blasones familiares, Serpa es también rica por la grandeza plástica de los alzados de las casas del pueblo "pobre". Finalmente, es el blanco de la cal lo que vuelve a esta villa tan luminosa.

M. J. V.

Castillo, Serpa.

V.4.b **Murallas**

Para llegar a las murallas, se puede partir de la Oficina de Turismo y subir las escaleras de la iglesia de Santa María o, si no, entrar por la Porta Nova y atravesar el barrio conocido como Castelo Velho.

Murallas, Serpa.

RECORRIDO V   Un reino de taifa: Mértola
Serpa – Vila Branca

Horario: de 9 a 12:30 y de 14 a 17:30.
Serpa, situada a 5 km de las aguas del Guadiana, era, en vísperas de la Reconquista, un importante pueblo fortificado que dominaba fértiles tierras de cultivo. La vieja muralla, plantada en la cima de una pequeña elevación estratégicamente situada, delimitaba un área de 21.000 m^2. A fines del siglo XIII, D. Dinis, en un esfuerzo de reorganización cristiana del Alentejo, otorgó a la villa sus segundos fueros, los de Évora/Ávila, y levantó, en esta tierra fronteriza donde las ocasiones de conflicto eran frecuentes, un imponente muro alrededor de un área de 68.000 m^2.
En la *Crónica* de Rui de Pina reza que el monarca "hizo casi de nuevo todas las villas de arriba de Odiana, a saber Serpa, Moura, Olivença, Campo Maior, Ouguela, cuyos alcázares hizo desde los cimientos con mucho gasto". El cronista, que escribe entre los siglos XV y XVI, aunque basándose en documentación anterior, no niega la existencia de la villa musulmana que D. Dinis refundó y donde mandó construir de raíz el alcázar.
Señales del pasado islámico se conservan aún en algunos trozos de muralla de *tapial* y en dos torres, las de la Horta (de la Huerta) y la del Relógio (del Reloj), parcialmente aprovechadas en las obras del castillo cristiano.
Es muy posible que el propio campanario de la iglesia de Santa María, que envuelve una estructura cilíndrica, sea el testimonio vivo del alminar de la antigua mezquita.

M. J. V.

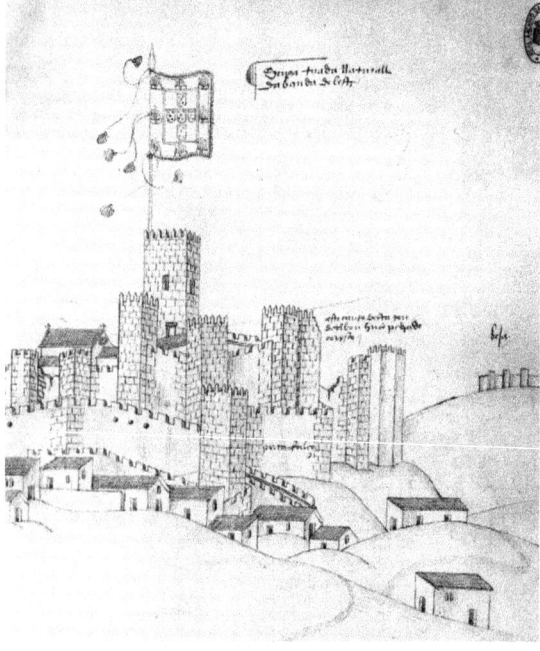

Castillo de Serpa, dibujo del siglo XVI, en Duarte d'Armas, "Livro das Fortalezas".

V.4.c **Museo Arqueológico de Serpa**

Alcazaba del castillo, tel.: 284 540100.
Horario: de 9 a 12:30 y de 14 a 17:30.

Los años ochenta del siglo XX fueron, en Portugal, particularmente ricos en cuanto a creación y renovación de museos locales autárquicos. Fruto de esa dinámica es la fundación del Museo Municipal de Arqueología de Serpa, en 1982.
El museo, situado en la *alcazaba* del Castelo Velho, en la antigua casa del gobernador de la plaza, después convertida en prisión, reúne una pequeña colección de materiales islámicos. En su mayoría provienen de la Cidade das Rosas, importante *villa* romana que seguía ocupada en la época musulmana. Estos vestigios (fragmentos de objetos de cerámica y metal) se encontraban, en su gran mayoría, en una bolsa de cenizas y tierra quemada que estaba sobrepues-

ta a unos hornos de cal visigóticos. Estos, a su vez, habían aprovechado los restos de un conjunto termal romano.

De los objetos expuestos destacan un cuenco del periodo califal y un cuchillo con mango de hueso, que se supone de la misma época. De todos modos, puede considerarse como *ex libris* de la exposición una pequeña placa de pizarra con una inscripción en *cúfico* —reproducción de un versículo del Corán— en una de sus caras y cuatro medialunas en la otra. Se trata de un molde utilizado en la fabricación de amuletos de metal fundido para uso individual. Fue hallado en las inmediaciones de la *villa* romana de Zambujeiro, cerca de Pias.

M. J. V.

Seguir en dirección a España y torcer a la derecha en el cruce para Mértola; continuar luego por la Estrada 265 (unos 50 km).

V.5 MÉRTOLA

Información: Largo Vasco da Gama, tel.: 286 612573.

"Y Mértola yace junto al río Odiana; y es muy antiguo castillo y hay ahí edificios antiguos." A esta referencia de al-Razi, y poco más, se resume lo que los textos nos dicen de la Mértola islámica. Sabemos, no obstante, que la importancia de la ciudad iba mucho más allá de tan parca información. Aprovechando su excepcional ubicación en un espolón rocoso que separa las aguas del Guadiana de un afluente suyo, la antigua ciudad de Mértola era ya célebre, entre los geógrafos de la Antigüedad, por lo imponente de sus fortificaciones.

Mértola debía de abarcar un área de cerca

Molde de amuleto de pizarra, siglos VI/XII-VII/XIII, Museo Arqueológico de Serpa.

de 60.000 m² y tendría una población que no sobrepasaría las 2.000 personas. En periodos de apogeo, no obstante, sus habitantes serían sin duda más numerosos, si observamos la existencia de al menos dos arrabales: uno al otro lado del río y el otro a la entrada de la Porta de Beja, en las inmediaciones de una antigua capilla paleocristiana que más tarde se sacralizó como Santo António dos Pescadores.

Sus actuales calles, paralelas al río y comunicadas entre sí por estrechos pasajes, se superponen al antiguo trazado viario de época musulmana. Sin embargo, las murallas, constantemente reparadas a lo largo del tiempo, aunque respetan el trazado medieval, solo por trechos

RECORRIDO V *Un reino de taifa: Mértola*
Mértola

Vista general, Mértola.

pueden atribuirse al periodo musulmán. Atribuible con certeza a la época almohade es únicamente la cortina norte con sus macizos torreones cuadrangulares. Entre los exuberantes vestigios romanos y de época cristiana surgen hoy, después de dos décadas de trabajos arqueológicos, significativos elementos del periodo islámico que justifican bien la importancia que la ciudad tuvo hasta su conquista por los caballeros de la Orden de Santiago, en 635/1238. Más allá de las murallas, cuyo trazado no sufrió alteraciones desde el periodo romano, y de las cuales, como hemos dicho, pequeños trozos corresponden a la época musulmana, aportan datos importantes los vestigios de la antigua mezquita local, así como las excavaciones de una extensa zona de viviendas edificada en el siglo VI/XII y en la que se centra parte de los trabajos arqueológicos.

S. M.

V.5.a **Museo de Mértola**

Largo da Misericórdia.
Apertura prevista: 2001. Acceso con entrada.
Horario: de 9 a 12:30 y de 14 a 17:30.

Dos décadas de trabajos arqueológicos han posibilitado la formación de la más importante colección de materiales del periodo islámico que existe en Portugal, y han permitido también empezar a responder a un sinfín de preguntas sobre la vida de la población en aquella época.

RECORRIDO V *Un reino de taifa: Mértola*
Mértola

Conjunto de vasijas, Museo de Mértola.

Más que de cualquier otra cosa, la mayor parte de las piezas de la colección expuesta nos informa de la vida cotidiana en la Mértola musulmana. Contemplando el conjunto de piezas, no podemos dejar de pensar en los usos que tendrían, quién se serviría de ellas, cómo y cuándo lo haría. Investigaciones realizadas por arqueólogos, antropólogos y especialistas en cerámica han llevado a reunir las piezas por grupos funcionales de acuerdo con el uso que se les daba. Donde antes solo se veían artilugios indiferenciados (más prosaicamente, cazos), ahora es posible reconocer utensilios de cocina, de almacenamiento, lujosas fuentes de mesa o sofisticadas vasijas y recipientes de agua.

La encrucijada de caminos y de gentes que en otros tiempos fue Mértola queda bien patente en la diversidad de piezas reunidas. Se muestran, paralelamente, lujosas lozas importadas de la zona tunecina (probablemente fabricadas en Túnez o Kairuán) y otras fabricadas en talleres sevillanos y almerienses, o incluso por modestos artesanos de la región sur de al-Garb. Si bien la parte más significativa de los materiales expuestos está constituida por piezas de cerámica (que son las que se conservan de forma más duradera al resistir condiciones desfavorables), completan la colección joyas, vidrios y otros objetos, que por ahora resultan difíciles de integrar entre los detalles de la vida cotidiana.

Una bella y rara pieza del Museo de Mértola es un cuenco decorado con la técnica del *verde y manganeso*, en que se representa una escena de caza: un galgo y un halcón atacando al mismo tiempo a una gacela. Hábilmente dibujado y coloreado, este cuenco pertenece a una serie, de idéntica técnica y el mismo estilo decorativo, que se encuentra dispersa por varios puntos del Mediterráneo occidental (Denia, Mallorca, Pisa y Kairuán). Considerado en principio de origen tunecino, investigaciones más recientes no excluyen su producción en la Península Ibérica.

Cuenco con escena de caza, siglo V/XI, Museo de Mértola.

S. M.

RECORRIDO V   *Un reino de taifa: Mértola*
Mértola

Barrio islámico, excavaciones, Mértola.

pueden concertar visitas guiadas en la Oficina de Turismo, tel.: 286 612573.

Sobre los restos de la abandonada zona palatina romana se edificó, a mediados del siglo VI/m. XII, un conjunto residencial que iba a conocer un corto periodo de vida. Deshabitado tras la conquista cristiana de Mértola, este barrio islámico no ha vuelto a ver la luz hasta la campaña de excavaciones que viene realizándose en el lugar. Ahora mismo son identificables cerca de decena y media de casas, y se prevé que algún día puedan excavarse otras tantas. Estas viviendas repiten, con pequeñas variaciones, soluciones arquitectónicas consolidadas por la civilización grecorromana, que se difundieron por todo el mundo urbano mediterráneo. En torno a un patio central descubierto se disponían unas cuantas estancias (salas, alcobas, cocinas y letrinas) de funciones bien definidas.

Restos de muros en albañilería y *tapial*, fragmentos de cal, pavimentos en barro o argamasa y tejas árabes encontradas en las excavaciones identifican a la perfección el ambiente cultural mediterráneo al que estas casas pertenecen.

En la compleja superposición de estructuras que siempre resulta de las intervenciones arqueológicas urbanas, todavía es posible leer con claridad restos de calles y sistemas de saneamiento, que constituyen el testimonio de la última ocupación de la *alcazaba* musulmana.

S. M.

Castillo, torre del homenaje, Mértola.

V.5.b **Barrio islámico**

Se accede por la Rua do Cemitério.
Horario: de lunes a viernes de 9 a 12:30 y de 14 a 17:30; fines de semana cerrado, pero se

V.5.c **Castillo**

La fortificación que los caballeros de la Orden de Santiago mandaron construir a finales del siglo XIII se superpuso a construcciones anteriores, de la Edad del Hierro y de los periodos romano e islámico.

RECORRIDO V *Un reino de taifa: Mértola*
Mértola

Por los lugares donde hoy están la torre del homenaje y las murallas de época cristiana pasaron, a lo largo de milenios, soldados romanos, figuras como Ibn Qasi (señor de Mértola a mediados del siglo VI/m. XII), comerciantes, artesanos y guerreros.

Sucesivas restauraciones y varias reedificaciones han dejado a la vista pocos elementos del tiempo de los *califas*. Un análisis más atento permite, con todo, identificar el arranque de un arco de herradura, en la puerta de entrada, y una cisterna de origen musulmán, en el centro de la torre. Cerca de ella, recientes excavaciones arqueológicas han puesto al descubierto parte de un conjunto residencial, abandonado a finales del siglo V-p. VI/p. m. XII.

S. M.

V.5.d Iglesia mayor de Nossa Senhora da Anunciação (antigua mezquita)

Largo da Igreja. Las visitas guiadas se reservan en la Oficina de Turismo, tel.: 286 612573.
Horario: de 10 a 12 y de 14:15 a 17.

La mezquita de Mértola fue construida a mediados del siglo VI/m. XII, en un lugar antes ocupado por otro edificio de carácter religioso.

La estructura de la *aljama* de Mértola se mantuvo sin grandes alteraciones hasta principios del siglo XVI, cuando Duarte D'Armas la dibujó, escribiendo en la leyenda "iglesia que fue mezquita". En ese precioso registro iconográfico aparece representado un templo con cinco naves (cada una con un tejado a dos aguas), y se reconoce incluso el alminar, que

Iglesia mayor de Nossa Senhora da Anunciação (antigua mezquita), Mértola.

RECORRIDO V   *Un reino de taifa: Mértola*
Mértola

Mezquita, puerta, Mértola.

Mezquita, mihrab, Mértola.

los caballeros cristianos adaptaron a torre de campanario. La progresiva degradación del edificio obligó, en la primera mitad del siglo XVI, a la realización de obras en profundidad. Los trabajos efectuados hacia 1530 y paga-

dos por Juan de Mascarenhas alteraron de forma significativa los volúmenes del edificio. Hay que señalar, en particular, el abovedamiento del techo, que obligó a elevar los muros y construir poderosos contrafuertes. De la mezquita de Mértola, después de las sucesivas obras y restauraciones, han llegado hasta nosotros los muros exteriores y cuatro pequeñas puertas (tres abiertas al antiguo patio y otra al exterior) en que el arco de herradura, levemente peraltado, está enmarcado por un alfiz. En el interior se identifican aún el *mihrab*, de planta poligonal y que ostenta todavía su decoración de escayola, con tres arcos ciegos polilobulados coronados por una moldura cimera con dos cordones sin fin, tema que se repite en lo alto del conjunto. El resto del edificio, aunque el exotismo de su interior pueda inducir a error, pertenece a las obras del siglo XVI o a las que tuvieron lugar posteriormente.

La actual iglesia mayor de Mértola está catalogada como Monumento Nacional desde 1910.

S. M.

Parque Natural del Valle del Guadiana
Con una superficie de 70.000 ha, este parque natural se extiende a lo largo del Guadiana por los términos municipales de Mértola y Serpa, desde las orillas del Limas hasta las del Vascão, que sirve de límite sur al Alentejo. Entre vastas extensiones de montanera, donde se dejan ver con frecuencia grandes aves esteparias como la avutarda y el sisón, largos y agrestes valles encajonados conservan un denso y pujante bosque mediterráneo donde se refugia una variada fauna salvaje. Dentro del parque, el río Guadiana se aprieta en corredores de acantilados de roca que, a veces, lanzan aguas en turbulentas cascadas.

C. T.

TEJEDURÍA

Santiago Macias

Horario: de lunes a viernes de 9 a 12:30 y de 14 a 18. Los fines de semana, aunque está cerrado, es posible hacer visitas guiadas reservándolas en la Oficina de Turismo, tel.: 286 612573.

Durante milenios, las mujeres de esta región han tejido en casa las mantas con que las familias se defendían del frío en las noches de invierno. Esquilar, lavar, cardar, hilar y al final la labor al telar, un ciclo repetido infinidad de veces y que ha llegado hasta nuestros días como eco postrero del modo de vida agropastoril del Alentejo meridional.

Hasta hace poco en peligro de desaparecer, el lento trabajo de recuperación de esta actividad pasó por el estudio y la identificación de patrones, por acciones de formación profesional y por la reanudación de una actividad que se creía definitivamente condenada. En los últimos años, la Cooperativa de Tecelagem de Mértola se ha convertido en la depositaria de estos saberes, que se ha encargado de difundir a través de la exposición y comercialización de sus productos.

Se sugiere enlazar con la Exposición MSF española **EL ARTE MUDÉJAR. La estética islámica en el arte cristiano**, *y realizar la visita al Recorrido X,* Mecenazgo nobiliar y monástico, *que comprende las ciudades de Guadalupe, Llerena, Zafra y Calera de León.*

Mujer trabajando en la tejeduría, Mértola.

RECORRIDO VI

Guadiana: el gran río del sur

Santiago Macias, Cláudio Torres, Cristina Garcia, Paula Noronha

VI.1 ALCOUTIM
    VI.1.a Castelo Velho

VI.2 CASTRO MARIM (opción)
    VI.2.a Castillo

VI.3 CACELA VELHA (opción)
    VI.3.a Conjunto urbano

VI.4 TAVIRA
    VI.4.a Ruinas de la alcazaba del castillo
    VI.4.b Vaso de Tavira

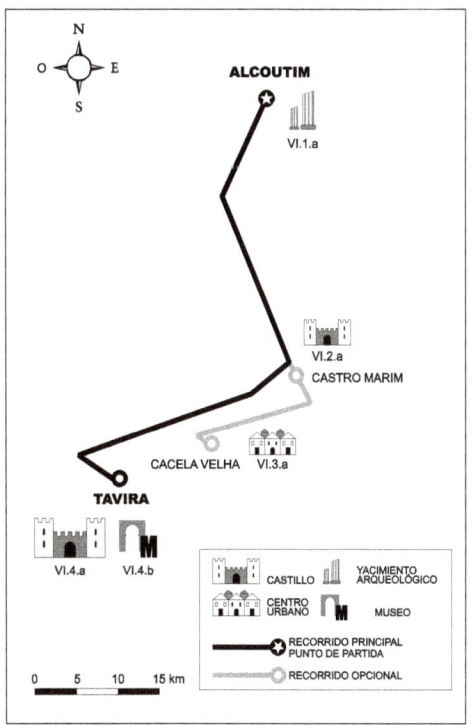

Castro Marim.

Para los hombres del Mediterráneo que buscaban el Occidente, el paso por las columnas de Hércules (el estrecho de Gibraltar de nuestros compendios de geografía) representaba el inicio de un último recorrido. Del lado de acá de ese punto había aún algunos puertos por los que *merecía* la pena el viaje: Cádiz, Faro, Silves y, para los que se aventuraban a subir por el río, Mértola.

De la hoz del Guadiana a los acantilados de Sagres se extendía una costa tranquila, visitada desde época prerromana por mercaderes y navegantes, con una frecuencia que se mantuvo bajo el dominio de Roma y durante el periodo musulmán. Las tierras de sotavento del Algarve no son, monumentalmente hablando, de las más destacadas del antiguo Garb al-Andalus. Asimismo, y desde el punto de vista histórico, son territorios citados de forma casi accidental en una región donde las ciudades de Faro y Silves ejercían una fuerte y permanente atracción.

Esta zona del Algarve oriental estaba marcada, y todavía lo está, por profundos contrastes entre una sierra donde una población arcaica ha resistido casi hasta nuestros días y una costa más abierta a influencias cosmopolitas. En la Serra do Caldeirão se ven aún algunas viviendas, de planta cilíndrica, fábrica de ladrillo y tejados cónicos de paja o retama. Hoy se utilizan como pajares o almacenes, y se extienden por toda la llamada Serra Algarvia, tocando incluso los actuales concejos de Mértola y Almodôvar.

En los territorios remotos del interior han venido realizándose varios trabajos arqueológicos en el transcurso de los últimos años. Del conjunto de excavaciones en pequeños pueblos destacan, por su importancia y dimensiones, el Cerro das Relíquias, junto al Vascão, y el Castelo Velho de Alcoutim, sobre el Guadiana. Razones de accesibilidad nos llevan a aconsejar únicamente la visita a este último.

Desde Alcoutim hacia el sur, el río Guadiana pasa por sitios como Montinho das Laranjeiras, Guerreiros do Rio y Odeleite. Algunos de esos pueblos están situados sobre yacimientos arqueológicos de localidades romanas que mantuvieron su vida, sin mayores sobresaltos, hasta el siglo V/XI. En esas pequeñas plataformas de aluvión, las *villæ* sobrevivieron durante toda la Alta Edad Media y se fueron islamizando, según demuestra la arqueología, sin perder nunca el contacto con las rutas comerciales mediterráneas. Además de una serie de *villæ* romanas ligadas a las grandes rutas del comercio mediterráneo, se ven a lo largo del río algunos pueblos fortificados de ocupación prerromana y que aún estaban activos en época islámica. Sobre los pantanos del Guadiana se alza dominante el pequeño cerro escarpado donde se ubica el castillo de Castro Marim, con ocupación púnica, romana e islámica documentada. Las inmediaciones de este lugar no se caracterizaron seguramente por una gran prosperidad. A juzgar por la pobreza de los vestigios del periodo islámico encontrados en sitios como Vale do Boto, esta región de marismas estaba habitada por una población de pescadores y salineros, ciertamente sin grandes recursos. Tavira, como centro urbano, y Cacela, su atalaya a la entrada de la barra marina, eran los lugares más importantes de este territorio, pero no tenían, aun si se considera solo la región del Algarve, un papel de primer plano. Si la primera, según se desprende de los relatos escritos y de la propia área ocupada, parece haber alcanzado un papel de relieve al final del periodo islámico, en el caso de Cacela habrá que esperar a que los trabajos arqueológicos en curso propor-

Castillo, Castro Marim.

cionen elementos que permitan valorar su auténtica importancia en aquella época. Curiosamente, los materiales recogidos y conservados en el Museo Nacional de Arqueología de Lisboa subrayan la importancia de Cacela en periodos anteriores. Las zonas de población más significativa eran las que rodeaban la ciudad de Tavira, donde las huertas, que hoy decaen entre modernas urbanizaciones, hacen suponer la existencia de perfeccionados sistemas de riego.

Sin desdeñar la tradición de piratería que envuelve a la Tavira islámica, sin duda es también aplicable a esta costa, rica en peces, el testimonio del geógrafo al-Idrisi (siglo VI/XII) referente a la zona de Ceuta: "Se cuentan cerca de cien especies diferentes, dedicándose particularmente los habitantes a la pesca del gran pez que se llama atún y que se multiplica mucho por estos parajes. Péscase con arpones provistos en el extremo de anzuelos salientes que penetran en el cuerpo del pez y ya no salen. La madera del arpón está protegida por largos cordeles de cáñamo. Estos pescadores están de tal modo ejercitados y son tan hábiles en su trabajo que no se les conocen rivales en el mundo".

S. M.

VI.1 ALCOUTIM

VI.1.a Castelo Velho

Situado a 1,5 km de la villa, en el Cerro de Santa Bárbara.
Información: Praça da República,
tel.: 281 546179.

RECORRIDO VI *Guadiana: el gran río del sur*
Castro Marim

Castelo Velho, Alcoutim.

Habitado hasta las *taifas* de mediados del siglo V/m. XI, el Castelo Velho de Alcoutim fue abandonado probablemente a finales de esa centuria, y no se tienen pruebas de que estuviera poblado en tiempos de los almorávides y los almohades.

S. M.

A la salida de Alcoutim, seguir la Estrada 122-1 y, unos 6 km después, torcer a la izquierda para coger la 122; proseguir en dirección a Castro Marim / Vila Real de Santo António.

VI.2 **CASTRO MARIM** (opción)

VI.2.a Castillo

Información: Praça 1.º de Maio, 2, tel.: 281 531232.
Horario: lunes a viernes de 9 a 17:30.

Situado a un kilómetro aproximadamente al norte de la villa de Alcoutim, el Castelo Velho (Castillo Antiguo) ocupa la cima de un cerro con buena posición estratégica sobre el Guadiana. En las inmediaciones, y aún no estudiados por completo, hay unos cuantos pueblos agrícolas y mineros de época islámica, que quizá tuvieran algún tipo de dependencia del castillo.
La fortificación debió de edificarse en el siglo III/IX, pues de este periodo son, si atendemos a los datos arqueológicos, las murallas (que encierran un área poco mayor de 700 m²), la cisterna y los edificios de la primera fase de la ocupación.

Cerca de la desembocadura del Guadiana y frente a la ciudad fortificada de Ayamonte, Castro Marim sería, en la época islámica, un pequeño pueblo provisto de defensas, con funciones de almacén marítimo y comercial.
Lugar erróneamente identificado durante muchos años con la Marsa Hasin de las fuentes escritas árabes, los vestigios de época prerromana nos llevan a admitir que el sitio tuvo algún protagonismo en los primeros tiempos del Islam. Entre las ruinas de fortificaciones de diferentes épocas es posible que el llamado Castelo Velho —un recinto de planta cuadrangular reforzado en las esquinas con torres semicilíndricas— corresponda o se super-

RECORRIDO VI *Guadiana: el gran río del sur*
Cacela Velha

ponga a un fortín cuya arquitectura se puede entroncar con las tradiciones militares bizantinas y emirales.

C. T.

Después de haber recorrido 6 km en dirección a Faro, torcer a la derecha en el cruce y seguir por la Estrada 125 en la misma dirección. En el kilómetro 12, torcer a la izquierda hacia Cacela Velha (unos 13 km).

Para seguir en dirección a Tavira, continuar por la carretera 125 hasta el cruce correspondiente.

VI.3 **CACELA VELHA** (opción)

VI.3.a **Conjunto urbano**

Para quien visite Cacela Velha en nuestros días, la cara visible del pasado histórico está representada por la iglesia y, sobre todo, por la silueta de baluarte de la fortaleza del siglo XVII. Del periodo musulmán apenas se conserva un pequeño trozo de *tapial* en la zona orientada a sudeste. Con todo, tanto la pequeña localidad como la región circundante desempeñaron un relevante papel en la época. Lo demuestran tanto los materiales arqueológicos descubiertos en sus inmediaciones como el hecho de haber sido la cuna del

Castillo, Castro Marim.

Fortaleza, Cacela Velha.

RECORRIDO VI *Guadiana: el gran río del sur*
Cacela Velha

Cacela Velha.

poeta Ibn Darrash al-Qastalli, figura mayor de las letras de al-Andalus.
En el periodo islámico Cacela mantuvo, por el hecho de controlar la entrada del río Gilão, un lazo evidente con Tavira. Más que por esa razón, sin embargo, serían las fértiles tierras situadas entre los dos lugares las que justifican la casi insólita cantidad de hallazgos registrados en esos terrenos. Además de la lápida del obispo *mozárabe* Julián (fallecido en 349/961), son bien conocidos dos candiles de bronce (uno pertenece a la colección del Museo Nacional de Arqueología, del otro se desconoce su paradero) y también una pila de abluciones, hoy incluida en la colección de dicho museo y a la que ya hemos aludido.

Independientemente de los resultados que seguramente proporcionarán los trabajos arqueológicos en curso, el interés por Cacela está justificado no solo por la riqueza de su pasado islámico, sino por la singular belleza de su emplazamiento.

S. M.

Para seguir hacia Tavira, coger de nuevo la Estrada 125 en sentido Faro/Tavira (aproximadamente 7,5 km).

Puente sobre el río Gilão, Tavira.

RECORRIDO VI *Guadiana: el gran río del sur*
Tavira

Torre octogonal, Tavira.

VI.4 **TAVIRA**

Información: Rua da Galeria, 9, tel.: 281 322511.

Tavira, todavía hoy uno de los más hermosos conjuntos urbanos del Algarve, se reducía en época musulmana al cerro que bordea la margen derecha del río Gilão. Del amurallamiento de ese periodo quedan unos cuantos torreones y algún que otro fragmento de muro, no siempre fácil de identificar.
En una ciudad que tiene como símbolo de su patrimonio el puente y los tejados de tijera hay que registrar, con todo, algunos elementos del periodo islámico. Desde el punto de vista topográfico, parece claro que el burgo que al-Idrisi y Yaqut califican de aldea sería algo más que eso. El área de 5 ha, reconstruida en época cristiana, da fe de una pujanza económica que recientes trabajos arqueológicos han corroborado.
La Tavira musulmana, en especial en su zona alta, resulta difícil de reconocer hoy día, después de las alteraciones que el tiempo y los hombres se han encargado de obrar. En el sitio donde quizá hubo una pequeña *alcazaba* se plantaron jardines, al paso que la antigua mezquita vio cómo su lugar era ocupado por la iglesia de Santa Maria do Castelo. Junto al río, próxima al actual Ayuntamiento, estaría la zona portuaria, con sus arrabales de pescadores y comerciantes, instalados sin duda al lado del puente, cerca de los arenales donde atracaban las embarcaciones.

S. M.

Tavira

Lienzo de muralla, Tavira.

VI.4.a Ruinas de la alcazaba del castillo

Horario: lunes de 9 a 17:30, martes a viernes de 8:30 a 17:30, sábados, domingos y festivos de 10 a 19:30 (verano) y de 9 a 17:30 (invierno).

La sustitución de antiguas *alcazabas* abandonadas por jardines o cementerios fue una práctica corriente durante muchas décadas. Tavira no fue una excepción. Al lado de la iglesia de Santa Maria do Castelo (una más que probable antigua mezquita) quedan hoy algunos lienzos de muralla difícilmente encuadrables en términos cronológicos y que sirven de escenario a un pequeño espacio ajardinado. Como recordatorio de la fortificación medieval queda aún una torre octogonal rehecha varias veces y que, hipotéticamente, utilizó el basamento de una construcción de época almohade.

S. M.

VI.4.b Vaso de Tavira

Recientes trabajos arqueológicos dirigidos por Manuel y Maria Maia han llevado al descubrimiento de un conjunto de materiales que datan del siglo V/XI. Destacan en esa colección varias piezas de barro rojo, pintado con *engobe* claro. Es justo referirse aquí a un vaso de barro coronado por un extraordinario conjunto de figuras humanas y animales, modeladas a la manera popular. Algunos de los zoomorfos podrían lanzar agua u otro líquido al interior del recipiente. Tres caballeros, dos hombres, una mujer y una serie de animales parecen sugerir la ritualización de un rapto nupcial.

C. T. / S. M.

Esta pieza se expondrá a finales de 2001. Para obtener más información, dirigirse a la Oficina de Turismo, Rua da Galeria, 9, tel.: 281 322511.

RECORRIDO VI   *Guadiana: el gran río del sur*
Tavira

Ría Formosa
Cinco islas y dos penínsulas de arena que protegen de la fuerza del mar una tranquila laguna de canales entremezclados con charcas, terrenos salinos e isletas, cíclicamente bañados por las mareas, distinguen dentro de la región del Algarve el Parque Natural de la Ría Formosa. Reconocida por la Convención de Ramsar, la Ría Formosa acoge aves migratorias del norte y el centro de Europa, algunas de paso hacia el continente africano. Así, entre octubre y marzo, millares de aves nidifican y se alimentan en las dunas, salinas y charcas, y se pueden observar especies como la golondrina de mar enana, la garza blanca, el flamenco, el correlimos común, el alfaiate, el chorlitejo grande, la cigüeñuela y el calamón común, símbolo del parque.

La discreta mancha de charcas, con su extraña vegetación, sumergida o al descubierto por los flujos y reflujos de las mareas y la extrema movilidad del cordón de dunas, hábitat también de especies de alto interés botánico, representa uno de los sistemas más productivos y vulnerables que se conocen.

Una intensa actividad económica liga las poblaciones humanas a la ría, ya sea a través de la pesca, la recogida de mariscos, el cultivo de moluscos, la producción de sal y la piscicultura, o como reserva o lugar de desove de especies piscícolas como la dorada, el róbalo y el sargo. Conviene no perderse, en la visita al Parque Natural de la Ría Formosa, las rutas con guía por el Centro de Educación Ambiental de Marim, un paseo en barco por la ría y la degustación de las especialidades gastronómicas locales.

C. G. / P. N.

Centro de Información: Centro de Educación Ambiental de Marim, 8700 Olhão, tel.: 289 704134/5.

Vaso de Tavira, siglo V/XI.

Niebla
Cuando se atraviesa el Guadiana hacia Ayamonte, bastan unas decenas de kilómetros para llegar a orillas del río Tinto, donde se alza la antigua ciudad de Niebla, varias veces capital de un vasto reino que, en su última fase, incluyó territorios del Algarve. Todo el recinto del pueblo, de 10 ha, está completamente cercado por una de las más bellas murallas que quedan de al-Andalus. El barro es el único material de construcción, y solo las esquinas de las torres y las puertas utilizan sillares de mármol o granito. En el interior de la villa, merece la pena visitar la vieja iglesia de Santa María, donde recientemente fueron sacadas a la luz las estructuras principales de una mezquita almohade. Su alminar, todavía intacto, sigue desempeñando la función de campanario.

C. T.

RECORRIDO VII

Entre el Algarve y la sierra

Santiago Macias

VII.1 **FARO**
  VII.1.a Museo Arqueológico y Lapidario Infante D. Henrique
  VII.1.b Porta da Vila
  VII.1.c Arco do Repouso

VII.2 **LOULÉ**
  VII.2.a Loulé islámica
  VII.2.b Museo de Loulé

VII.3 **VILAMOURA**
  VII.3.a Ruinas del Cerro da Vila

VII.4 **SALIR**
  VII.4.a Pueblo fortificado

VII.5 **CASTRO DA COLA** (opción)
  VII.5.a Excavaciones del castro

VII.6 **PADERNE**
  VII.6.a Castillo

VII.7 **ALBUFEIRA**
  VII.7.a Museo Municipal de Arqueología de Albufeira

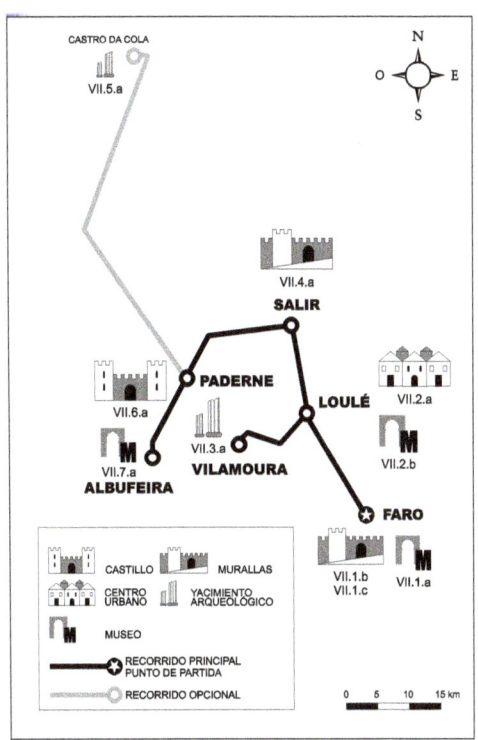

Castillo, Paderne.

Castillo, Paderne.

La historia de la región de Faro en el periodo musulmán está marcada por dos circunstancias: la primera es la singular riqueza de su territorio; la segunda, la importancia que la comunidad cristiana *mozárabe* mantuvo, sin flaquear, a lo largo de la islamización.

Del primer factor tenemos testimonios de sobra en los relatos de los geógrafos de aquel periodo. Al-Razi, al-Himyari o al-Idrisi son claros a este respecto; el primero escribía, hacia mediados del siglo IV/m. X: " Y Ossónoba [...] yace en muy buena tierra y muy llana; y de muchos buenos árboles y de muy buena simiente. Y en su término hay muy buenas montañas donde podrían criarse ganados. Y es tierra de muchas aguas corrientes. Y es muy buena tierra de caza, así de monte como de río. Y tiene, como se extiende, por vecino el mar. Y hay muy buenas islas y muy de sabor a las que pueden llevar las barcas. Y hay ahí muy buenas huertas regadas y de muy buenas frutas y muy claras. Y en su término hay muchos pinos. Sus bondades hacen de él uno de los mejores lugares que hay en el mundo. Y en el río de Ossónoba hay muy buen ámbar".

Según otro autor, al-Bakri, en este territorio se explotaba un estaño que no tenía rival en cuanto a semejanza con la plata. Por otro lado, la fertilidad de las huertas y jardines hacía de esta región una de las más densamente pobladas de Garb al-Andalus. *Villæ* como las de Milreu o Cerro da Vila (Vilamoura) no fueron abandonadas, sino que continuaron habitadas y proveyeron a los mercados urbanos hasta el siglo V/XI.

La historia de la región, con la persistente presencia de la comunidad *mozárabe*, es otro de los factores que dan consistencia a la tesis de la continuidad de civilizaciones. A pesar de su dependencia de Sevilla, en el siglo III/IX una familia local (los Banu Bakr) tuvo el control de la región. El silencio sobre el Algarve hasta la primera *fitna* y la regularidad con que se sucedían los gobernadores obedientes a Córdoba solo pueden ser sinónimos de un ambiente de paz en un territorio donde la vida continuó sin grandes sobresaltos.

Solo a finales del siglo III/f. IX se vuelve a oír hablar de la región de Faro y, aun entonces, en un cuadro de autonomía del Algarve. Fue por entonces cuando Bakr Ibn Yahya Ibn Bakr, un *muwallad* (*muladí*) se fijó en la ciudad de Faro, fundó una dinastía y se apoderó de un territorio que todavía comprendía Silves y la costa occidental. A propósito de esto, afirmaba el cronista Ibn Idari: "Él se estableció en Santa María, hizo construcciones y la transformó en castillo que dotó de puertas de hierro. Tenía una administración, armas, buenos soldados y abundantes provisiones [...] Se podía viajar por su territorio con la mayor seguridad". Convertidas o no a la fe islámica, familias tradicionales de la región parecen haber mantenido intacto su poder en la dirección del destino político-económico. Durante los reinos de *taifa* del siglo V/XI su importancia vuelve a ser patente: entre 416/1026 y 444/1053 los Banu Harun, una familia también *muwallad*, controlan el territorio. A lo largo de ese siglo, en vez del viejo topónimo de Ossónoba, la ciudad pasó a conocerse como Santa María, y tenía una iglesia magnífica con columnas —decía la leyenda— de plata. El nombre *mozárabe* de la ciudad fue cada vez más usado a partir de entonces, aunque haya sido la palabra *harun* (por un antiguo faro allí existente) la que acabó por dar nombre a la ciudad.

El litoral del Algarve ha pasado, en particular en las últimas tres décadas, por un profundo proceso de transformación que está ocultando cada vez más el rostro islámico de las ciudades, pero que va destruyendo también viejos sistemas de riego y alterando de modo irreversible las estructuras sociales y productivas, de cuño meridional, que atravesaron casi incólumes la Edad Media y la Edad Moderna.

Aun así, es posible identificar en el territorio de Faro un apreciable conjunto de lugares de interés para la identificación del pasado islámico. Además de la ciudad principal, cuya reciente expansión apenas deja ver el núcleo medieval, hay que mencionar Loulé, con un área amurallada de 5 ha y que era el segundo centro de la región. En los barrancales sobresalen Paderne (Albufeira) y Salir (Loulé), dos fortificaciones de *tapial* de la época almohade. En la costa se ha excavado y rehabilitado el Cerro da Vila (Vilamoura), unas ruinas romanas donde los trabajos arqueológicos han prestado atención también a la ocupación islámica del lugar.

Además de los sitios incluidos en este recorrido, hay otros que la toponimia o simplemente la tradición han hecho registrar como de cierta importancia en época islámica. El caso más significativo es la turística Albufeira ("la laguna"), cuyo nombre apunta a la existencia de un puerto antaño resguardado por una península. Hoy cuesta reconocer, entre las modernas urbanizaciones, la topografía de la Albufeira medieval. La pequeña ensenada que dio nombre a la ciudad se ha rellenado de tierra y está cubierta por construcciones, al tiempo que un casco intramuros, a estas alturas sin ningún rasgo característico, esconde el lugar donde surgió el núcleo más antiguo del pueblo.

Fuera de esta región quedaba el Castro da Cola (el Marachique de los textos medievales). Aunque formaba parte del territorio de Beja, se ha incluido aquí por razones que tienen que ver con los viajes estivales. Quien vaya en busca de las

Muralla, Salir.

RECORRIDO VII   *Entre el Algarve y la sierra*
Faro

Arco do Repouso, Faro.

playas del sur pasará a poca distancia de esta bella fortificación y podrá conocer, sin perder mucho tiempo, una parcela más del pasado islámico.

S. M.

VII.1 **FARO**

Información: Rua da Misericordia, 8, tel.: 289 803604.

"Santa María del Garbe está edificada al borde del Océano y sus murallas son bañadas por las aguas con la marea alta. Es de extensión mediana y muy hermosa. Tiene una mezquita catedral, otra más pequeña y una capilla. Allí llegan y de allí parten navíos. La región produce muchos higos y pasas." Esta descripción que el siciliano al-Idrisi hizo de la ciudad a finales del siglo V-p. VI/p. XII parece sintomática, por su brevedad y en comparación con el cuidadoso relato de la ciudad de Silves, de una cierta decadencia de Faro al final de la islamización.

Con cerca de 7 ha de área intramuros, Faro era una de las mayores urbes de Garb al-Andalus. La ciudad ocupaba entonces una península sobre la ría, y el mar rodeaba gran parte de la extensión de sus muros. El puerto estaba situado en la actual plaza, frente a la Porta da Vila, y las aguas cubrían, por el lado oriental, el lugar donde hoy vemos la explanada de São Francisco. No son muchos los vestigios identificables de la Faro islámica. El tiempo, que ha pasado su factura, y las sucesivas reconstrucciones no permiten más que lecturas topográficas y señalar algún que otro elemento, con mención especial, por su excepcionalidad, para la Porta da Vila. Se conoce la ubicación de la *alcazaba* (sobre la cual se construyó una moderna fábrica) y de la mezquita (sustituida, después de la Reconquista, por la catedral). Es algo admitido que, además del trazado de las murallas, la disposición viaria de la ciudad vieja respeta el trazado del periodo medieval, y se espera que los resultados de varias intervenciones arqueológicas en curso permitan añadir datos relevantes a la historia de Santa María del Garbe.

S. M.

VII.1.a Museo Arqueológico y Lapidario Infante D. Henrique

Praça D. Afonso III, tel.: 289 897400.
Acceso con entrada. Horario: de lunes a sábados, de 10 a 18:30.

Instalado en el antiguo Convento da Assunção, el Museo Arqueológico y Lapidario Infante D. Henrique fue fundado en 1894 por el canónigo Joaquim Pereira Botto, que nos dejó un interesante catálogo de las piezas que por entonces había en él. Predominan los materiales romanos, aunque las colecciones incluyen restos de todos los periodos. El museo guarda en sus reservas un conjunto de cerámicas de época almohade, recogidas junto a la catedral durante los años treinta. Es, sin embargo, su pequeña pero significativa colección epigráfica la que evoca el pasado islámico de la región.

La colección de cinco lápidas epigrafiadas del Museo de Faro proviene de diversos puntos del Algarve. La más importante es la célebre lápida que anuncia la construcción de una torre en la ciudad de Silves en 624/1227, poco antes de la toma de la ciudad. Las otros son lápidas funerarias, una de la zona de Odeleite y otra del Sítio das Pontes (Salir).

Lápida funeraria de gres, 407/1017, Museo Arqueológico y Lapidario Infante D. Henrique, Faro.

Lápida funeraria de pizarra, siglo V/XI, Museo Arqueológico y Lapidario Infante D. Henrique, Faro.

La inscripción encontrada en Silves a finales del siglo XIX, durante la apertura de una zanja, señala la construcción de una torre, según se lee en su texto: "En nombre de Dios, el Clemente, el Misericordioso. Bendiga Dios a Muhammad y a su

Faro

Porta da Vila, Faro.

familia. Ordenó la construcción de esta torre el emir [...] hijo de [...] Abu Yusuf, hijo del califa, emir de los creyentes, Abu Ya'qub, hijo del califa, emir de los creyentes, Abu Muhammad Abd al-Mu'min Ibn Ali, ¡que Dios acepte sus buenas obras y le perdone las malas! Y esto, en el mes de Ramadán el respetable del año 624".
La lápida funeraria del año 407/1017, encontrada cerca de Salir hace cerca de 30 años y dada a conocer por Martim Velho, presenta el siguiente texto: "En nombre de Dios, el Clemente, el Misericordioso. Ha muerto [...] Ibn Said el viernes del mes de Rayab del año 407. Dios se apiade de él.

Daba testimonio de que no hay más dios que Dios, el único, que no tiene igual, y que Muhammad es su siervo y su enviado."
El Convento de Nossa Senhora da Assunção está catalogado como Monumento Nacional desde 1949.

S. M.

VII.1.b Porta da Vila

Situada en el interior del arco de acceso a la zona de intramuros de la ciudad.

Construido entre finales del siglo III/f. IX y mediados del V/m. XI, este monumental arco de herradura, integrado hoy en la estructura dieciochesca de la Porta da Vila (Puerta de la Villa), es una de las más antiguas y monumentales construcciones de época islámica que existen en nuestro país. Las dovelas que componen el arco, en las que alternan diferentes cromatismos, se asemejan a los modelos clásicos andalusíes y guardan un cierto paralelismo con el principio puesto en práctica en la mezquita de Córdoba.
La Porta da Vila está catalogada como Monumento Nacional desde 1910.

S. M.

VII.1.c Arco do Repouso

Se encuentra entre el Largo de São Francisco y el Largo de D. Marcelino Franco.

El Arco do Repouso, una monumental puerta abierta a oriente, fue completamente rehecho en el siglo XVIII, lo que nos impide saber si su trazado era axial o en ángulo. Dos torres albarranas, posible-

RECORRIDO VII *Entre el Algarve y la sierra*
Loulé

mente de época almohade, completan esta singular estructura recientemente restaurada. Un poco más al sur, el lienzo de la muralla, que en otro tiempo tocaban las mareas, presenta aún algunas torres de base semicilíndrica y de tradición bizantina que datarán del siglo V/XI, aunque hayan sido rehechas en época posterior.

S. M.

Para dirigirse a Loulé, seguir por la Estrada 125 en dirección Portimão/Loulé hasta el cruce con la IP1 y continuar después por la 125-4 (unos 17 km).

VII.2 LOULÉ

VII.2.a Loulé islámica

Información: edificio del castillo, tel.: 289 463900.

De la Loulé islámica hemos mantenido el nombre (al-Ulya, "el otero"), el trazado de las murallas, la ubicación de la mezquita y poco más. Cerca de 5 ha de área amurallada evidencian, con todo, una importancia que los textos escritos en aquel periodo no reflejan.
Algunos elementos arquitectónicos dan fe de la importancia de la islamización en Loulé, y de hecho el recuerdo de aquel pasado se ha prolongado hasta la construcción del mercado municipal, una pieza revivalista neoárabe.
Hay que llamar la atención, en primer lugar, sobre los torreones de *tapial* visibles en la zona sur de la antigua fortificación. Nótese, a continuación, la presencia del alminar de la mezquita de la

Arco do Repouso, Faro.

Iglesia de San Clemente, detalle, Loulé.

RECORRIDO VII *Entre el Algarve y la sierra*
Loulé

Iglesia de San Clemente, Loulé.

Cuenco en verde y manganeso, y jarrón en cuerda seca parcial, provenientes de Vilamoura, siglo IV/X, Museo de Loulé.

ciudad, sobre el que se construyó el campanario de São Clemente. Aunque del minarete de la mezquita de Mértola hay referencias iconográficas y de la mezquita de Moura se conoce la lápida fundacional, en Loulé estamos ante el único alminar cuyo basamento ha llegado hasta nuestros días. Apuntan en ese sentido tanto la colocación de los sillares (que obedece a una tradición constructiva antigua) como la ubicación de la torre respecto a la iglesia, y el hecho mismo de que el templo tenga una orientación que escapa a los cánones establecidos.

S. M.

VII.2.b Museo de Loulé

Rua D. Paio Peres Correia, junto a las murallas del castillo.
Horario: lunes a viernes de 9 a 17:30, sábados de 10 a 17:30; domingos cerrado.

El Museo Arqueológico de Loulé está instalado en el edificio de la alcaidía, un inmueble recientemente recuperado y que alberga también el Archivo Histórico Municipal. La exposición, distribuida en dos salas, sigue el tradicional orden cronológico, empezando por materiales prehistóricos y terminando en los tiempos modernos.

El periodo musulmán está representado por las piezas provenientes de dos yacimientos arqueológicos del término municipal: el castillo de Salir (al norte de Loulé) y el Cerro da Vila (en el conocido balneario de Vilamoura). Predominan los materiales de cerámica, aunque también es posible apreciar un conjunto de agujas de roca utilizadas en el hilado.

S. M.

RECORRIDO VII *Entre el Algarve y la sierra*
Vilamoura

Ruinas del Cerro da Vila, Vilamoura.

Para dirigirse al Cerro da Vila, en Vilamoura, seguir por la carretera 396 en dirección a Quarteira, torcer a la derecha en el cruce para Vilamoura y proseguir hasta el Cerro da Vila (aproximadamente 13 km).

VII.3 **VILAMOURA**

VII.3.a Ruinas del Cerro da Vila

Avenida Praia da Falésia, Vilamoura, tel.: 289 312153.

RECORRIDO VII *Entre el Algarve y la sierra*
Vilamoura

Ruinas del Cerro da Vila, Vilamoura.

Acceso con entrada. Horario: de 9:30 a 12:30 y de 14 a 18.

Yacimiento arqueológico conocido desde el siglo pasado, su excavación sistemática comenzó hace poco más de 30 años, al tiempo de la puesta en marcha del gran complejo turístico de Vilamoura. Desde entonces se ha sacado a la luz una parte sustancial de una *villa* romana que estuvo habitada de manera continuada hasta la época califal (siglos IV/X-V/XI).

Los mosaicos y los restos de una imponente estructura balnearia son los aspectos de mayor efecto visual en este bien cuidado yacimiento arqueológico. El Islam está presente, a su vez, en los utensilios recogidos en varios silos y fosas, que actualmente se exponen en el Museo Arqueológico de Loulé y en el propio Centro Arqueológico de Vilamoura. El Cerro da Vila es, también, un lugar emblemático para la arqueología islámica en Portugal. Por primera vez se prestó atención a la ocupación medieval en un sitio romano y se procedió al estudio sistemático de una colección de cerámica islámica donde surgen por igual lujosas piezas en *verde y manganeso*, y en *cuerda seca* y materiales de origen popular, de fabricación local. Entre estos predominan los utensilios de tradición arcaica, decorados con un apretado reticulado geometrizante trazado con *engobe* blanco o rojo. Hay que hacer referencia también a los cuencos vidriados, atribuibles a los siglos IV/X y V/XI, y que constituyen la parte más significativa de esta colección.

Las ruinas del Cerro da Vila están catalogadas como Inmueble de Interés Público desde 1977.

S. M.

RECORRIDO VII *Entre el Algarve y la sierra*
Salir

Coger de nuevo la Estrada 396 en dirección a Loulé, continuar hasta el cruce con la 124, en Barranco do Velho, y allí torcer a la izquierda y seguir hasta Salir.

VII.4 **SALIR**

VII.4.a **Pueblo fortificado**

Información: edificio del castillo, en Loulé, tel.: 289 463900.

A corta distancia de Loulé, en dirección norte, está la población de Salir. En un pequeño cerro fortificado, dominado por un fértil valle de los barrancales del Algarve, pueden identificarse aún algunos vestigios del pasado islámico. Aparte de un conjunto de estructuras residenciales recientemente excavadas, ese periodo está representado por cinco torreones, construidos en *tapial* militar, que datan probablemente de época almohade. No solo su tipología apunta en ese sentido, sino que las caras externas presentan las típicas pinturas en cal imitando sillares de grandes dimensiones.

La ausencia de una *alcazaba* y la reducida área de intramuros nos llevan a pensar que Salir debió de ser un pueblo comunitario, y serviría de cobijo o refugio a los campesinos que durante el día trabajaban las tierras de alrededor.

Cerca de Salir se encontró una lápida funeraria del periodo musulmán que

Murallas, Salir.

puede verse en el Museo Arqueológico Infante D. Henrique de Faro.

S. M.

Para ir a Paderne, volver a la carretera 124 y seguir en dirección a Benafim / Alte. Al llegar a Portela de Messines, torcer a la izquierda, hacia Albufeira, hasta llegar a Paderne. A la entrada del pueblo, torcer a la derecha, en dirección a Fonte y, a partir de ese punto, seguir por un camino de tierra batida que hay a la izquierda.

Para ir al Castro da Cola, seguir la Estrada 124 hasta cerca de São Bartolomeu de Messines, continuar por la IP1 en dirección a Lisboa y salir un poco antes de Ourique, en Castro da Cola.

VII.5 **CASTRO DA COLA** (opción)

VII.5.a **Excavaciones del castro**

Información: Ayuntamiento de Ourique, tel.: 286 510030.

El Castro da Cola, catalogado como Monumento Nacional desde 1910, está situado a pocos kilómetros de Ourique, y su acceso desde la IP1 está señalizado. Forma parte del Circuito Arqueológico da Cola, un conjunto de yacimientos arqueológicos de distintas épocas y del cual el castro propiamente dicho es el componente más destacado.

Mencionado por varios estudiosos desde finales del siglo XVI, el Castro da Cola (la Marachique de los textos medievales) mereció la

Castro da Cola.

RECORRIDO VII *Entre el Algarve y la sierra*
Paderne

Castillo, vista general, Paderne.

atención de André de Resende, Fray Manuel do Cenáculo y José Leite de Vasconcelos. Sería, sin embargo, el arqueólogo Abel Viana quien realizaría, a partir de 1958, campañas sistemáticas de excavación, interrumpidas por su fallecimiento en 1964. Del periodo islámico parecen datar el perímetro amurallado (muy rehecho), las viviendas que Abel Viana excavó y la cisterna que garantizaría el abastecimiento de la población. Por lo que parece, Cola era un pueblo de tipo comunitario, sin *alcazaba*, cuya estructura tiene paralelismos con las de sitios como Salir, Moura o Portel. De la necrópolis, que seguramente estaría situada en el lugar donde hoy vemos la ermita de la Senhora da Cola, tenemos noticia de la recogida de diversas lápidas funerarias en árabe, de las cuales una se conserva en el Museo do Carmo, en Lisboa.

Los materiales hallados durante las excavaciones —que se conservan actualmente en el Museo Regional de Beja— cubren un abanico temporal que se extiende desde el emirato (siglos III/IX-IV/X) hasta la época almohade, aunque se sabe que el castro estuvo ocupado desde el neolítico. Varios elementos arquitectónicos (el arco de entrada al castillo, que se encuentra parcialmente desmantelado) atestiguan la ocupación del castro después de la Reconquista.

El Castro da Cola sigue teniendo particular animación durante la romería que una vez al año, en septiembre, llega hasta él.

S. M.

Volver a la IP1 y seguir en dirección a Albufeira, coger la Estrada 124 hasta Portela de Messines y continuar por la 395 hasta el cruce para Paderne.

VII.6 **PADERNE**

VII.6.a **Castillo**

Situado 2 km al sur de la villa de Paderne.

RECORRIDO VII *Entre el Algarve y la sierra*
Paderne

Castillo, Paderne.

Información: Rua 5 de Outubro, en Albufeira, tel.: 289 585279.

El castillo de Paderne, una imponente fortificación en *tapial* militar de época almohade, está situado en pleno barrancal del Algarve, poco más de una decena de kilómetros al norte de Albufeira. La escarpada elevación de terreno donde se alzaba y el hecho de estar rodeada, en gran parte de su extensión, por el río Quarteira, hacían de Paderne un lugar difícil de asediar.

El recinto, de poco más de 1.000 m², conserva aún una parte considerable de sus murallas de tierra roja, y hay que señalar, en la cara orientada al norte, la puerta con recodo y la presencia de una torre albarrana de planta cuadrangular, unida al muro principal por un pasadizo. En el interior de la fortificación pueden identificarse las ruinas del siglo XVI de la capilla de Nossa Senhora do Castelo (cuya construcción original datará del siglo XIV) y el hueco de una cisterna junto a la muralla sur.

La referencia que se hace en la *Crónica da Conquista do Algarve* ("esta villa de Paderna se mudó a aquel lugar que ahora llaman Albufeira, pero todavía la otra está habitada y mejorada con su castillo y una cisterna muy buena dentro") hace suponer que, tras la Reconquista, se iniciaría una prolongada decadencia. Encontramos un eco en la referencia que de Paderne hace, a finales del siglo XVI, Henrique Sarrão: el castillo ya estaba por entonces "despoblado y sin gente".

El estado de aislamiento en que estuvo durante largo tiempo se interrumpió hace pocos años con la construcción de la Via do Infante, que pasa (entre los kilómetros 260 y 261) a escasa distancia del castillo. El castillo de Paderne está catalogado como Inmueble de Interés Público desde 1971.

Seguir por la Estrada 395 hasta Albufeira.

VII.7 ALBUFEIRA

VII.7.a Museo Municipal de Arqueología de Albufeira

Praça da República, 1.
Acceso con entrada. Horario: de 9 a 12:30 y de 14 a 17:30; lunes cerrado.

De los tiempos de las moras encantadas queda, en Albufeira, solo el nombre, un topónimo que nos remite a la existencia de una ensenada que hoy han rellenado para construir modernas urbanizaciones.

Seguramente muchos siglos antes de la islamización, y debido a su posición estratégica, el sitio fue un importante puerto comercial al que arribarían mercaderes de todo el Mediterráneo. En el área de intramuros, a pesar de la importancia que antaño tuvo, la evolución histórica ha dado lugar a modernas edificaciones. El recuerdo de otros tiempos se guarda hoy en el museo local.

S. M.   S. M.

RECORRIDO VIII

Silves: capital del arte almohade

Santiago Macias, Cláudio Torres

VIII.1 SILVES
    VIII.1.a Castillo y murallas
    VIII.1.b Museo Municipal de Arqueología de Silves

VIII.2 MONCHIQUE
    VIII.2.a Sierra de Monchique

VIII.3 PORCHES (opción)
    VIII.3.a Capilla de Nossa Senhora da Rocha

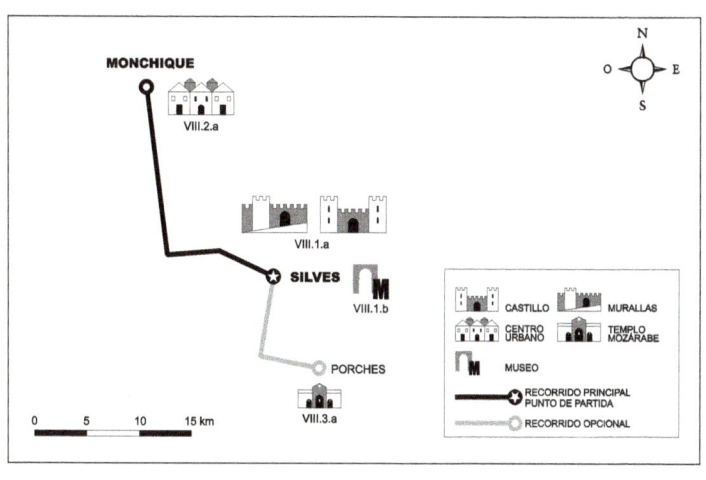

Descripción de Silves por al-Idrisi, en G. Domingues, Historia Luso-Árabe, Lisboa, 1945.

Las referencias al territorio de Silves, escasas hasta el siglo IV/X, a partir de entonces empiezan a hacerse más frecuentes, lo que demuestra la creciente importancia de la ciudad del Arade, que en breve ejercería una inequívoca supremacía en todo el barlovento. Según la descripción de al-Himyari, "su territorio comprende vastas extensiones de planicies y tierras bajas y una gran cadena montañosa de cimas elevadas en que abundan los pastos y las corrientes de agua. El árbol que ahí crece en mayor cantidad es el manzano, que produce frutos notables y emana un perfume semejante al de los guisantes de olor [...] Las gentes de los campos de los alrededores de Silves son muy generosas y, en esto, nadie las sobrepasa". Al-Idrisi llamaba también la atención sobre otro recurso, que vendría a revelarse de gran importancia en esta región de vocación marítima: "Las montañas de alrededor [de Silves] producen una cantidad considerable de madera que se exporta a lugares lejanos".

La Silves islámica se encontraba en un punto crucial de un eje de comunicación que, partiendo de Sevilla y Niebla (España), recorría toda la costa del Algarve pasando por Cacela, Tavira y Santa María del Garbe, hasta el extremo occidental, donde estaba el célebre y antiguo centro de peregrinación de la Igreja do Corvo.

La ciudad de Silves tuvo un primer y breve momento de protagonismo cuando se convirtió en refugio de los jefes militares derrotados durante las revueltas del año 157/774. En el siglo III/IX, durante la primera *fitna*, no parece que Silves experimentara ningún movimiento especial, quedando bajo el control de los Banu Bakr de Ossónoba. Por lo demás, esta última ciudad era la que albergaba a los representantes del poder emiral. Aunque son muy conocidas las referencias a la *taifa* de Silves de mediados del siglo V/m. XI, y pese al consulado del conocido gobernador y poeta Ibn Ammar, no fue hasta el siglo VI/XII cuando esta región dio un giro. De lugar secundario pasó a ser una ciudad importante, hasta el punto de que, al poco tiempo, era ya la verdadera capital del sur de al-Garb. El apogeo que conoció bajo los abadíes tendría continuidad en los siglos siguientes, según lo atestiguan de forma palpable los trabajos arqueológicos en curso en el castillo de la ciudad.

Entre el periodo de dominación abadí y el fin del periodo musulmán de al-Garb, a mediados del siglo VII/m. XIII, la región vivió, de forma casi permanente, revueltas y épocas de agitación. Solo los almohades, entre 548/1154 y 610/1214 controlaron de manera efectiva la región. El principal movimiento fue el dirigido por Ibn Qasi. Originario de una familia *muwallad* (muladí) del territorio de Silves, debió pasar gran parte de su juventud estudiando a los teólogos musulmanes y predicando una vida de ascetismo. Incluso mandó construir en los alrededores de Silves una rábida a la que se retiró con su grupo de discípulos, conocidos como muridines (por el nombre de su secta, Muridi).

El perturbado ambiente que entonces se vivía en al-Garb vino a favorecer las ambiciosas intenciones de Ibn Qasi, que a partir de 539/1145 desarrolló acciones relevantes en toda la región. La carrera política y religiosa de Ibn Qasi concluyó en 546/1152, cuando fue asesinado por la población de Silves.

Esta ciudad desempeñó, de forma creciente, un papel relevante en el extremo sur de al-Garb. Atacada y conquistada por el rey D. Sancho en 584/1189, Ibn Mahfuch se apoderó de ella en 627/1230,

Capilla de Nossa Senhora da Rocha, Porches.

lo que hizo de la región de barlovento el último reducto de Garb al-Andalus.

El Algarve fue conquistado en dos momentos distintos: primero la parte de Sotavento y, solo años más tarde, el Barlovento. Más que el talento en sí mismo de uno u otro jefe militar, debieron de pesar en esa resistencia la riqueza y la densidad demográfica del territorio de Silves, hechos que obligarían a laboriosas negociaciones y compromisos. Las campañas militares de los caballeros de Santiago están descritas en un magnífico texto de los *Tombos Velhos de Tavira*, en el cual se da cuenta de las escaramuzas, los avances y los retrocesos ocurridos entonces. Silves estaba bien apoyada por una serie de lugares, sobre los que aún no disponemos de información suficiente en lo que se refiere al periodo islámico. Monchique, Alferce (¿el castillo de Monteagudo de las fuentes árabes?), Algoz o Alcantarilla se incluyen entre los sitios donde los hallazgos arqueológicos, o simplemente el topónimo, demuestran el papel que tuvieron en aquella época. Otras

RECORRIDO VIII   *Silves: capital del arte almohade*
Silves

Castillo y conjunto urbano, Silves.

traste con los mares altivos que se vislumbraban hacia el cabo del Algarve, más tarde bautizado como de San Vicente.
Este complejo histórico y cultural se ha mantenido, por lo menos en parte, hasta nuestros días. Las pequeñas manchas de castaños y robles que persisten en los alrededores de Manchique son lo que queda de un bosque que alimentó durante siglos la construcción naval en el Algarve. La ciudad de Silves, después de un esporádico desarrollo, durante el que debió de intensificar sus contactos con los puertos del Mediterráneo occidental (Génova, Amalfi, Túnez o Sevilla), conoció periodos de decadencia y de esplendor, sin llegar a perder nunca el aura y el prestigio de centro intelectual que marcó indeleblemente la vida cultural de Garb al-Andalus.

S. M.

VIII.1 **SILVES**

Información: Rua 25 de Abril, 26 a 28, tel.: 282 442255.

veces, los relatos de la conquista o hasta la presencia de murallas prueban su importancia. Es el caso de fortificaciones como las de Aljezur (véase el Recorrido IX), Alvor o Castelo Belinho, y de esta última quedan algunos muros de *tapial*. De las torres en otro tiempo existentes en Estombar (Torre de Aben Abece o Abasse) y Porches no queda más que la toponimia.
Los recursos de la región de Silves —las célebres huertas y los frutales de almendras, higos y uvas, los arroyos, las florestas de Monchique, los pastos de Fóia y de la Picota— convirtieron esta zona en una especie de jardín de las delicias, por con-

"Esta ciudad está al sur de Beja [...] Silves está rodeada por una muralla sólida y posee en derredor plantaciones y huertas. El agua potable es suministrada a los habitantes por el río: este baña Silves por el lado sur y mueve los molinos de la ciudad situados en sus márgenes. El mar se encuentra a 3 millas de Silves, a occidente. Posee un ancladero sobre el río y un astillero de construcciones navales.
La ciudad en sí misma es de bello aspecto, de construcción elegante, y posee bazares bien abastecidos. Sus habitantes, así como los de los pueblos vecinos, son árabes originarios del Yemen y de otras regiones de

RECORRIDO VIII   *Silves: capital del arte almohade*
Silves

Arabia. Hablan un árabe muy puro; se expresan de manera elocuente y citan versos de memoria. Todos, gente del pueblo y burgueses, están notablemente dotados." Este panegírico de Silves hecho por al-Himyari dice a las claras la importancia que la ciudad había adquirido al final del periodo islámico. Antes, las referencias a la ciudad en las fuentes escritas se limitaban a la mención de la batalla naval habida en las proximidades entre los "drakkars" normandos y una escuadra venida de Sevilla, y a poco más. Con todo, la ciudad del Arade había ganado, a partir del siglo V/XI y a medida que Faro pasaba a un segundo plano, cada vez mayor importancia, hasta el punto de convertirse en la principal urbe del Algarve.

De esa Silves islámica se conocía, hasta hace poco, el perímetro de las murallas y algún que otro dato arqueológico suelto. Además de eso, el recuerdo de la islamización se reducía a rápidas referencias a los nombres y obras de Ibn Ammar, Ibn Qasi y al-Mu'tamid.

de Faro, que señala la construcción de una nueva torre (*borsh*) en la ciudad, en 624/1227. Es probable que fuera una torre albarrana destinada a reforzar el sistema defensivo de la ciudad en un momento en que resultaba particularmente necesario. A semejanza de lo que ocurrió en Mértola, ha sido la arqueología la que ha revelado una parte sustancial del pasado islámico de Silves. Tanto en la *alcazaba* como en diversos puntos del centro histórico (en especial la zona de Arrochela), se han puesto al descubierto importantes estructuras residenciales del periodo almohade. Por otro lado, el depósito de agua que abastecía a la ciudad y que ha sido utilizado hasta nuestros días se ha dejado fuera de funcionamiento

Castillo, Silves.

S. M.

VIII.1.a Castillo y murallas

Acceso con entrada. Horario: de 9 a 17 de octubre a enero; de 9 a 18 de febrero a marzo; de 9 a 20 de junio a septiembre.

El área urbana de Silves ocupa 7 ha y constituye, ciertamente, el más bello monumento militar de época islámica en territorio portugués. El razonable estado de conservación de los muros de *tapial* militar, las torres albarranas cuadrangulares y el ladrillo rojo de la *alcazaba* confieren a esta fortificación características únicas.

A esta enorme estructura perteneció también la lápida, hoy conservada en el Museo

Silves

Pozo-cisterna, siglos VI/XII-VII/XIII, Museo Municipal de Arqueología de Silves.

y está abierto al público. Conocido popularmente como Cisterna da Moura (Cisterna de la Mora), debió de construirse a mediados del siglo V/m. XI, aunque no hay que excluir alteraciones posteriores. Otra estructura de abastecimiento de agua —el pozo-cisterna del Museo de Silves (véase el respectivo texto)— fue excavada y rehabilitada en la década de los ochenta y actualmente puede visitarse.

S. M.

VIII.1.b **Museo Municipal de Arqueología de Silves**

Rua da Porta de Loulé, 14, tel.: 282 444832. Acceso con entrada. Horario: de 10 a 18 de octubre a abril y de 10 a 19 de mayo a septiembre; lunes, 25 de diciembre y 1 de enero cerrado.

El Museo Arqueológico Municipal de Silves se inauguró en 1989. Construido en torno a un pozo-cisterna de época almohade, alberga una colección de materiales del propio municipio que se presentan según criterios cronológicos. La parte más significativa es, sin duda, la que abarca el periodo islámico, representado por una gran variedad de utensilios domésticos que se usaban en los más variados ámbitos de la vida cotidiana. Además de dos capiteles califales provenientes de la ciudad y propiedad del Museo Nacional de Arqueología, destacan, fruto de excavaciones arqueológicas o de donaciones, un brocal de pozo, una placa *apotropaica*

RECORRIDO VIII Silves: capital del arte almohade
Monchique

(contra maleficios) y una pequeña botella de vidrio, pieza única en el contexto de la arqueología islámica en Portugal.

La principal pieza de este museo es, sin ninguna duda, el pozo-cisterna que le dio nombre y en torno al cual se construyó el edificio. El pozo es un raro vestigio del periodo almohade, construido en albañilería de piedra y rodeado por fuera de una escalera helicoidal que permite un acceso fácil y directo a las aguas freáticas. Cada tramo de escalera está cubierto por una pequeña y segmentada bóveda esquifada. El pozo-cisterna de Silves está catalogado como Monumento Nacional desde 1990.

S. M.

Para ir a Monchique, seguir la Estrada 124 hasta Porto de Lagos, torcer a la derecha en el cruce y continuar por la 266 hasta Monchique (aproximadamente 29 km).

Leyenda de los almendros en flor
Una de las más conocidas leyendas portuguesas cuenta la historia de una princesa nórdica que cayó prisionera de un rey moro. Habiéndose enamorado este de la princesa, acabó por casarse con ella. Pero la princesa no conseguía ocultar la añoranza que sentía por la tierra donde había nacido y, en particular, por la nieve que se había habituado a ver en su país.
Aconsejado por un viejo poeta, el rey mandó plantar almendros. Estos, al florecer en primavera, se cubrieron de flores blancas que producían la ilusión de que los campos estaban bajo un manto de nieve. A partir de entonces la tristeza desapareció del corazón de la princesa. También desde ese momento, al comienzo de la primavera, los almendros en flor que rodean Silves hacen recordar la nieve de las tierras del norte.

S. M.

VIII.2 MONCHIQUE

VIII.2.a **Sierra de Monchique**

Información: Largo dos Chorões, tel.: 282 911189.

La sierra de Monchique, con sus pastos siempre humedecidos por las brisas atlánticas y los densos bosques de robles y castaños, puede considerarse un microclima de incalculable riqueza para todo el barlovento

Panorámica, Monchique.

RECORRIDO VIII   *Silves: capital del arte almohade*
Monchique

Capilla de Nossa Senhora da Rocha, Porches.

del Algarve. Se comprende así la razón y antigüedad de su poblamiento. En sus laderas meridionales, en la localidad de Termas de Monchique, brotan aguas termales a las que se acude desde el tiempo de los romanos. Al trasponer las cumbres por una vieja carretera, en un lugar de antiguo asentamiento y rodeada de apacibles caminos y jardines, se extiende hoy la villa de Monchique. En otra elevación, las ruinas de la fortaleza islámica de Alferce, con su papel de atalaya, controlaban otro paso de la sierra y delimitaban el término de Silves.

C. T.

Para continuar a Porches, coger de nuevo la Estrada 266 hasta Porto de Lagos y seguir por la 124 hasta el cruce de Portimão, torcer luego por la carretera 125 hasta Porches y seguir entonces en dirección a la playa de Nossa Senhora da Rocha.

VIII.3 **PORCHES** (opción)

VIII.3.a Capilla de Nossa Senhora da Rocha

Horario: de 9:30 a 12:30 y de 14 a 17.

En el extremo de un promontorio cortado a pico sobre el mar, blanquea la pequeña capilla de Nossa Senhora da Rocha (Nuestra Señora de la Roca), todavía hoy lugar de culto y que ya era centro de peregrinación *mozárabe* en época musulmana. El cuerpo del templo es cuadrangular y está coronado por una cúpula octogonal, que no será anterior al siglo XVII. Lo más notable es el alpende o pórtico, en el que dos fustes y dos capiteles tardoantiguos sostienen tres pequeños arcos centrales. En esta plataforma natural parece haber habido otras construcciones, y está rodeada, en todo el borde del acantilado, por un muro de albañilería que ha ido desapareciendo, engullido por sucesivos derrumbamientos sobre el mar.

C. T.

Capilla de Nossa Senhora da Rocha, pórtico, Porches.

RECORRIDO IX

El cabo del fin del mundo

Cláudio Torres, Cristina Garcia, Paula Noronha

IX.1 SAGRES
    IX.1.a Cabo de San Vicente

IX.2 ALJEZUR
    IX.2.a Castillo

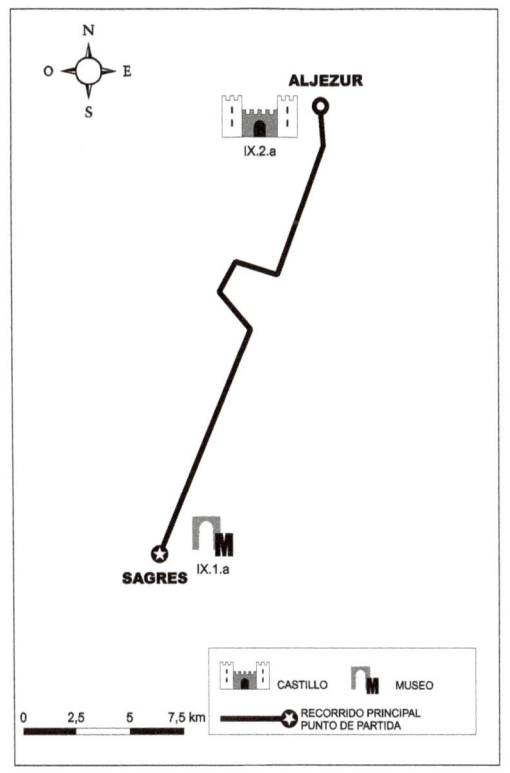

Panorámica de la costa, cabo de San Vicente.

Vista general, cabo de San Vicente.

Esta punta extrema de al-Garb siempre ha estado bien poblada, tanto en la franja litoral como en los valles abrigados y generosos del interior. En estas tierras de poniente parece ser más profundo, antiguo y permanente el vínculo de sus comunidades con otros puertos y gentes. Debido a la violencia y persistencia de la nortada sobre la punta de San Vicente, todos los veleros provenientes del Mediterráneo, que continuaban para los mares del norte, se veían obligados a esperar, a veces hasta bastantes semanas, a que los vientos fuesen propicios. Estas largas estancias en que las tripulaciones se preparaban para enfrentarse a las olas altivas del gran Océano desarrollaron en estas zonas portuarias todo un complejo sistema de reparación y construcción naval, y de rápido aprovisionamiento de agua y víveres. El desbaste y transporte de las maderas que se precisaban para el entablado y la arboladura de los buques, el embarque de ganado vivo traído de los rebaños de la sierra, las espuertas de higos y ciruelas secas, el vino necesario para satisfacer nuevos hábitos alimentarios y religiosos difundidos en los países escandinavos y bálticos... Esta circulación de riqueza atrajo, naturalmente, a toda clase de piratas, lo que obligó a reforzar las atalayas terrestres y la vigilancia marítima, a consolidar fortalezas y a disponer pequeñas flotas de guerra que mantuviesen alejados a los depredadores. Fue en los puertos de barlovento, en Lagos, Sagres, Ferragudo y, sobre todo, Silves, donde se formó la gran escuela de marinos que, unos siglos más tarde, permitiría e impulsaría, partiendo precisamente de estas aguas, la gran

RECORRIDO IX   *El cabo del fin del mundo*
Sagres

expansión marítima portuguesa. Aunque no todos los habitantes de estos parajes fuesen musulmanes, no cabe duda, habida cuenta de la existencia en la zona de una antigua tradición *mozárabe* ligada a los centros de peregrinación de la Senhora da Rocha (Señora de la Roca) y del monasterio de San Vicente, que en tiempos de la rendición, a mediados del siglo VII/m. XIII, todos hablaban el árabe, por entonces la lengua franca de los negocios. Un reciente estudio dialectal en esta región descubrió una anormal guturalización de la "a", que podría atribuirse a influencia de la lengua árabe. Este hecho lingüístico solo se explica por la permanencia masiva y la completa integración de los vencidos.

C. T.

IX.1 SAGRES

XI.1.a Cabo de San Vicente

Información: tel.: 282 624873.

Desde Sevilla y Niebla (en España), aparte de una concurrida vía marítima de cabotaje,

Cabo de San Vicente.

RECORRIDO IX *El cabo del fin del mundo*
Sagres

Castillo, vista general, Aljezur.

una larga carretera recorría toda la costa del Algarve pasando por Cacela, Tavira, Santa María de Faro y Silves, para terminar en el extremo occidental, donde estaba situado el célebre y antiguo centro de peregrinación de la Igreja do Corvo (iglesia del Cuervo). Este santuario *mozárabe* no se hallaba sobre los inhóspitos acantilados del promontorio de San Vicente, en el lugar donde mucho después se erigiría el faro, sino a algunos kilómetros hacia el interior. El siempre cuidadoso al-Idrisi refiere claramente que desde el cabo de San Vicente —Taraf al-Urf— hasta la Igreja do Corvo —Kanisa al-Gurab— distan 7 millas, o sea los 13 km que hoy lo separan de Vila do Bispo o, sobre todo, de la Raposeira. Sería en esta zona más abrigada, en la que crecen con exuberancia frutas y legumbres, donde los monjes atendían a los peregrinos y guardaban sus tesoros.

C. T.

Al-Idrisi, geógrafo siciliano del siglo VI/XII, describe así la Igreja do Corvo: "De Silves a Halq al-Zawiya [¿Lagos?], puerto y aldea, son veinte millas. De ahí a Sagres, aldea a orillas del mar, son dieciocho millas. De ahí al cabo de Algarve [cabo de San Vicente], que avanza en el Océano, son dieciocho millas. De ahí a la Igreja do Corvo [en algún punto entre Vila do Bispo y Raposeira] son siete millas. Esta iglesia no ha sufrido cambio alguno desde la época de la dominación cristiana. Posee tierras, que los creyentes tienen costumbre de donar, y riquezas traídas por los

RECORRIDO IX *El cabo del fin del mundo*
Aljezur

cristianos que aquí acuden en peregrinación. Está situada en un promontorio que avanza mar adentro. En lo alto del edificio hay dos cuervos, cuya ausencia nunca ha podido constatar nadie. Los padres que atienden la iglesia cuentan de estos cuervos cosas maravillosas, pero no se creería a quien las repitiera. Por lo demás, es imposible pasar por allí sin participar de la hospitalaria refección que la iglesia ofrece. Es una obligación, un uso al que nunca se falta y al que condescienden por ser antiguo, transmitido de edad en edad y consagrado por una larga práctica.
Atienden la iglesia padres y religiosos. Posee grandes tesoros y rentas muy considerables, provenientes sobre todo de las tierras que les fueron legadas en las diferentes partes de al-Garb. Estas riquezas se emplean para las necesidades del templo, las de sus servidores, las de todos los que están ligados a ella de algún modo y las de quienes, en pequeño o gran número, vienen aquí de visita."
(*Description de l'Afrique et de l'Espagne.*)

Para llegar a Aljezur, seguir la carretera 268, en dirección a Vila do Bispo, hasta el cruce de Alfambras, y proseguir después por la 120 hasta Aljezur (unos 45 km aproximadamente).

IX.2 ALJEZUR

IX.2.a Castillo

Información: Largo do Mercado, tel.: 282 998229.

Aljezur sería en época islámica casi una isla —como su nombre árabe indica— rodeada por una laguna marina, sin duda rica en peces y mariscos. Tierras fertilísimas y pantanos justificaban la existencia de un poblado de campesinos y pescadores, que tenían un recinto fortificado en la cumbre del cerro. Además de servir, por supuesto, de refugio en caso de

Castillo, alzado este, según dibujo de la DGEMN, Aljezur.

RECORRIDO IX *El cabo del fin del mundo*
Aljezur

Castillo, torreón, Aljezur.

ataque, probablemente tenía también la función de granero y almacén colectivo. El recinto amurallado no llega a una hectárea, y su espacio interior, aparte de una buena cisterna, se divide a lo largo de los muros en minúsculos compartimentos contiguos que no parecen haberse utilizado como vivienda. De la muralla, tal vez se pueden atribuir a época islámica el torreón cilíndrico que mira al norte y la torre de planta cuadrangular del extremo sur.

C. T.

RECORRIDO IX *El cabo del fin del mundo*
Aljezur

Parque Natural de la Costa Vicentina
Una larga costa rocosa, fustigada por los vientos y el océano Atlántico, se extiende desde Sines hasta el Burgau, pasando por los míticos promontorios de San Vicente y Sagres, "allí donde declina la luz sideral, emerge altanero el cabo cinético, punto extremo de la rica Europa, y entra en las aguas saladas del océano, poblado de monstruos" (Avieno, Ora maritima, siglo IV). Así, el Parque Natural del Sudeste Alentejano y Costa Vicentina proporciona una diversidad geomorfológica de escarpadas elevaciones que se asoman bruscamente al mar, largas playas arenosas, dunas e islotes, en una estrecha franja que no sobrepasa los 2 km de longitud y ocupa un área de 70.000 ha.

Ríos y pequeños arroyos interrumpen aquí y allá esta masa rocosa y crean diferentes entornos en las zonas ricas del estuario, donde coexisten la nutria, la jineta y la garduña, los lugares de cría de róbalos, doradas y lenguados, y la presencia humana, que transforma el paisaje en arrozales, cultivos de secano y de regadío. Pero lo que confiere a este parque natural un carácter singular es el valor científico de las especies de la flora, algunas únicas en el mundo, como el Cistus palhinhae, la Myrica faya (un haya) y el serbal, y el de las aves migratorias que nidifican en acantilados e islotes, entre las que destacan el milano de dorso liso, el grajo de pico rojo y el palomo de las rocas.

El actual modo de vida, basado en la pesca y en la agricultura, se remonta al periodo mesolítico, en el que pequeñas comunidades explotaban con provecho este territorio y se alimentaban de moluscos y peces costeros, o de la caza y recolección en zonas del interior. De ello son testimonio los innumerables concheros encontrados a lo largo de la costa.

Conviene no perderse, en la visita al Parque Natural del Sudeste Alentejano y Costa Vicentina, las fortificaciones costeras de Porto Covo, Beliche y Aljezur, los insólitos nidos de cigüeña blanca encaramados en peñascos aislados en el mar, los intrépidos cogedores de percebes y la isla del Pessegueiro.

C. G. / P. N.

RECORRIDO X

Castillos del Sado

Cláudio Torres, Isabel Cristina F. Fernandes, Cristina Garcia, Paula Noronha

X.1 ALCÁCER DO SAL
  X.1.a Castillo y núcleo museístico

X.2 PALMELA
  X.2.a Castillo
  X.2.b Museo Municipal de Palmela

X.3 SESIMBRA
  X.3.a Castillo

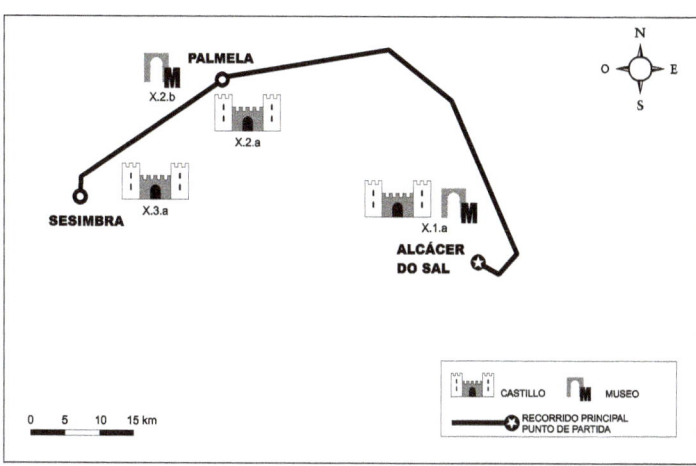

Castillo, Palmela.

Alcácer do Sal.

En tiempos antiguos, los estuarios del Sado y del Tajo estarían comunicados, transformando la actual península de Setúbal en una isla. Según la tradición griega que nos ha llegado a través de los textos del siglo IV de Avieno, frente al río Sado había en esa época, además de la isla de Achale o Ácale, hoy península de Tróia, otra isla llamada Petanion. No iría descaminada su identificación con los terrenos comprendidos entre el promontorio de Almada, el cabo Espichel y las sierras de Arrábida y de Palmela, en vista de que aún en época islámica era posible navegar entre el Tajo y el Sado a través de brazos de río y canales que unían Alcochete y la Marateca.

La historia de esta isla, o casi isla, está estrechamente ligada a toda la región, no por su producción agrícola, como las vecinas tierras alagadizas de la Ballata, sino principalmente por su riqueza minera. La explotación de pepitas de oro depositadas en antiguos lechos del Tajo justifica los topónimos de Almada y Adiça, palabras que en árabe significan "mina". En Coina se extrajo mercurio durante siglos, mientras fue necesario para amalgamarlo con el oro.

Dejando a un lado la minería, fue la intensa e ininterrumpida actividad pesquera, sin duda mucho más importante económicamente, la que justificó el surgimiento de los principales pueblos y fortalezas

en zonas portuarias. Además de la activa y siempre citada pesca del cachalote para extracción del ámbar, los puertos del Mar da Palha como Almada, Lisboa o Coina Velha, así como las ciudades-puerto del Sado como Sesimbra, Palmela y Abudanis, eran los principales suministradores de todo tipo de pescado. Este, una vez metido en salazón, o aceite y limón, seguía viaje para el interior del territorio, donde era un indispensable complemento alimentario.

Debido a las brumas atlánticas y a las buenas tierras de aluvión, en época islámica toda esta región de la casi isla de Setúbal, de los alrededores de Alcácer y de Lisboa estaría cubierta por densos bosques de pinos piñoneros, indispensables para la tablazón de los barcos. Transportados por el Sado o el Sorraia, llegaban grandes troncos de alcornoque con buena curvatura para el armazón. Bastante más lejos, en los bosques de Zêzere, se cortaba el sólido roble y el flexible castaño para los aparejos. Lisboa, Almada, Palmela, Abudanis eran los principales puertos de construcción naval de todo al-Andalus.

Los castillos del Sado formaron un sistema portuario fortificado único en la Península Ibérica, tan extraordinario como el propio complejo del estuario que lo justificó y le dio vida.

C. T.

RECORRIDO X *Castillos del Sado*
Alcácer do Sal

X.1 ALCÁCER DO SAL

X.1.a Castillo y núcleo museístico

*Información: Praça Pedro Nunes,
tel.: 265 610040.
Acceso con entrada. Horario del museo: de 9 a
12 y de 14 a 17; lunes cerrado.*

Dominando el extremo del trecho navegable del Sado, la majestuosa fortificación de Alcácer do Sal (Qasr Abu Danis) polarizaba un área de fértiles terrenos de aluvión que se hizo célebre en el mundo islámico occidental, tanto por las florestas que la rodeaban como por sus activos astilleros navales.

Por el río, surcado por numerosas embarcaciones, se hacía el comercio entre las tierras madereras del alto Sado y los demás puertos marítimos de la región de Lisboa y de la actual costa alentejana.
Constituían el pueblo, en época musulmana, dos núcleos autónomos separados por una escarpada ladera. Junto al Sado, que al-Himyari calificaba de "grande río", se encontraba el barrio con funciones esencialmente mercantiles y portuarias. En la parte más elevada y estratégicamente más defendible se encontraba la *alcazaba*, que fue bastante modificada después de la Reconquista. De la fase final del periodo islámico solo han llegado hasta nosotros algunos torreones de los muros sur y norte de la fortificación. Construidos en *tapial* militar,

Castillo, lienzo de muralla en tapial, Alcácer do Sal.

presentan, en la zona orientada al norte, restos de antiguas pinturas en cal que imitaban grandes sillares.

Aunque en rigor se desconozca el lugar donde se ubicaba la necrópolis, el Museo Municipal tiene, entre sus reservas, dos lápidas funerarias datadas en el siglo V/XI, encontradas junto al castillo y conocidas desde el siglo XIX.

De la misma colección forman parte dos capiteles, atribuibles, según Manuel Real e Ferreira de Almeida, a finales del emirato o principios del periodo califal. Es presumible que provengan de algún palacio o edificio de carácter religioso.

C. T.

Para ir a Palmela, seguir por la autopista A2 en dirección a Setúbal/Lisboa y salir en Palmela.

X.2 PALMELA

X.2.a Castillo

Información, tel.: 21 2332122.
Horario: de 10 a 12:30 y de 14 a 17:30 de octubre a mayo; de 10 a 12:30 y de 14 a 20 de junio a septiembre.

La situación estratégica del castillo de Palmela, construido en la elevación de mayor altura entre la sierra de Arrábida y las colinas de la margen derecha del Tajo, determinó desde siempre su finalidad e importancia. Como estructura de carácter militar, el castillo ejerció su función de puesto de comunicación y vigilancia, de base de apoyo en estado de guerra, de control de los caminos que unían Lisboa con las tierras del sur y el estuario del Tajo con la desembocadura del Sado. En época musulmana, al igual que en la fase de las embestidas cristianas de los siglos VI/XII y VII/XIII, este dominio visual del castillo sobre la otra orilla, las vastas llanuras de Ribatejo, la línea montañosa con las fortificaciones de Coina y Sesimbra y con la orilla de Sadina se traducía, ciertamente, en poder político-militar. Las escasas referencias de los autores islámicos a Balmala se complementan con las fuentes cristianas, sobre todo la carta escrita por un cruzado inglés que participó en la conquista de Lisboa, conocida como "Carta a Osberno". Se alude al refugio en la ciudad de nobles musulmanes de Palmela, a una petición de auxilio por parte de los sitiados, y al abandono de la guarnición del castillo

Castillo, Palmela.

RECORRIDO X *Castillos del Sado*
Palmela

Castillo, Palmela.

cuando Lisboa cayó en poder de los cristianos. No obstante, una parte de la población debió de permanecer, lo que justificaría la carta de manumisión a los musulmanes de Palmela, otorgada por Afonso Henriques en 1170. Lo que los textos no habían podido establecer vino a indagarlo la arqueología, con algunos resultados positivos. Las excavaciones realizadas en la *alcazaba* han permitido identificar trozos de la primitiva muralla y un conjunto de viviendas con signos de ocupaciones sucesivas, reutilizaciones, reconstrucciones y readaptaciones desde la fase del emirato hasta la de los almorávides (siglos II/VIII-III/IX a VI/XII). Paredes, patios, pasillos, puertas, canales de desagüe, fosas, silos, trozos de escayola, de suelos de argamasa y de arcilla, restos de alimentos, innumerables fragmentos y piezas de cerámica ilustran la realidad cotidiana de más de cuatro siglos de presencia islámica en el castillo de Palmela.

Por el territorio circundante, de grandes extensiones de suelo cultivable, agua en abundancia y buenos pastos, se distribuían pequeñas comunidades rurales dependientes tributariamente del poder político con sede en el castillo. El pueblo musulmán del Alto da Queimada en la Serra do Louro, donde se hicieron algunos estudios arqueológicos, y otros núcleos de población a lo largo de las cimas que bordean los fértiles valles de las riberas de Corva y Alcube son ejemplos de este poblamiento campesino.

I. C. F. F.

RECORRIDO X *Castillos del Sado*
Palmela

X.2.b Museo Municipal de Palmela

Situado en la antigua plaza de armas del castillo.
Horario: de 10 a 12:30 y de 14 a 18 de octubre a mayo; de 10 a 12:30 y de 14 a 20 de junio a septiembre; lunes cerrado.

El espacio museístico arqueológico del castillo de Palmela está formado por cinco salas, cuatro de las cuales están dedicadas a colecciones y estructuras de época islámica. Este centro expositivo nació tras las investigaciones arqueológicas comenzadas en 1992 en la *alcazaba* del castillo. Por tratarse de un programa en común, las intervenciones previeron el diálogo permanente entre las diversas disciplinas, sobre todo la arqueología y la arquitectura. De la constante adaptabilidad exigida por esta conjunción resultaría un proyecto museístico caracterizado por el compromiso entre la funcionalidad, la facilidad de interpretación y la capacidad de renovación. Dentro de esta perspectiva, el núcleo de arqueología será objeto de cambios, conforme a la evolución de las investigaciones de campo y de laboratorio.

Cuenco de cerámica, f. siglo IV/f. X-p. V/p. XI, Museo Municipal de Palmela.

Cerámica de cocina, siglos V/XI-VI/XII, Museo Municipal de Palmela.

RECORRIDO X *Castillos del Sado*
Sesimbra

Capitel del castillo, siglos III/IX-IV/X, Museo Municipal de Palmela.

Aprovechando el descubrimiento de viviendas, fosas, silos y restos de la antigua muralla en el interior de algunas de las salas, se concluyó que lo mejor sería dejarlos expuestos, asociándolos a piezas de uso doméstico recogidas en esos mismos ámbitos.

La colección está constituida fundamentalmente por piezas de cerámica de cocina y de mesa, correspondientes a las varias fases de presencia musulmana en el castillo, además de otros utensilios y elementos arquitectónicos.

I. C. F. F.

A la salida de Palmela, seguir por la Estrada 379 en dirección a Sesimbra. El acceso se hace por una carretera municipal que sale de la población de Corredoura.

X.3 SESIMBRA

X.3.a **Castillo**

Información: Largo da Marinha, 26-27, tel.: 21 2235743.

Al igual que la vecina Alcácer do Sal, también Sesimbra estaba formada por dos

Castillo, Sesimbra.

RECORRIDO X *Castillos del Sado*
Sesimbra

núcleos urbanos perfectamente autónomos. Al contrario, sin embargo, que la antigua Salacia, donde un declive de escasas decenas de metros separa las murallas de la *medina* de las últimas casas de la ribera, el antiguo pueblo fortificado de Sesimbra dista unos centenares de metros de la población ribereña. En la Alta Edad Media, y ciertamente todavía en época musulmana, la fortificación de Sesimbra, con sus 4 ha acordonadas por un perímetro amurallado de 800 m y su distante arrabal portuario, tendría una topografía y un área residencial similares a las de las fortalezas de Palmela y Almada, estas también con barrios costeros de pescadores y marineros.

C. T.

Castillo, torre del homenaje, Sesimbra.

Reserva Natural del Estuario del Sado
A corta distancia de la ciudad de Setúbal, en plena Costa Azul, el río Sado, al desembocar en el océano Atlántico, da lugar a 23.000 ha de río, zonas de lodo y charcas de rara belleza y valor ecológico. Este espacio mereció un estatuto especial en 1980, cuando se creó la Reserva Natural del Estuario del Sado, cuyo símbolo es el simpático delfín que, con su presencia constante en la vida cotidiana del río, constituye uno de sus grandes atractivos.
Esta vasta zona húmeda cobija a numerosas especies de aves, de las que destacamos la cigüeñuela, la cigüeña blanca, la focha común, el martín pescador y el águila sapera, así como varias especies de garzas y patos. De entre los mamíferos sobresalen la alondra, la jineta, el tejón, la mangosta y el zorro.
La riqueza biológica del estuario permitió el establecimiento de comunidades que mantienen, desde tiempos ancestrales, actividades económicas tradicionales compatibles con la preservación de este valioso ecosistema.
Ejemplos de estas actividades son la pesca del salmonete, el lenguado, la tenca, la solla y la dorada, y la recogida de crustáceos como el cangrejo, el cultivo de berberechos, navajas y almejas de varios tipos, así como la extracción de sal, resina y corcho. Frontera entre el estuario y el océano, la península de Tróia surge como un extenso cordón de dunas cuya estabilidad depende de un gran número de especies que, por sus características, favorecen la fijación de las arenas.
Se recomienda no perderse la visita a la Reserva Natural del Estuario del Sado: el pequeño puerto pesquero de Gambia, el paseo a lo largo del puente de musgo, el pueblo de Carrasqueira, con su puerto pesquero de palafitos, el puente de hierro y madera de Zambujal, el puerto de Figueiras y el yacimiento arqueológico de un enclave fenicio denominado Abul.

Centro de Información:
Praça da República,
2900 Setúbal, tel.: 265 541140

C. G. / P. N.

GLOSARIO

Acrópolis	Ciudadela o área palatina situada en la cima de una colina.
Aftasí	Dinastía asentada en Badajoz, que extendió su influencia a la región de Lisboa. Tuvo un papel relevante entre los años 412/1022 y 486/1094.
Alcazaba	Ciudadela fortificada. En su interior se encontraban el alcázar y una zona residencial.
Aljama	Mezquita mayor donde se celebra la oración cotidiana y la del viernes.
Almacabra	Cementerio musulmán.
Borsh	Torre, a veces rodeada de una muralla secundaria. El término pasó a la toponimia medieval portuguesa, como en Alvorge o Porches.
Califa	(Del árabe *jalifa*.) Jefe supremo de la comunidad musulmana dentro del linaje de los sucesores del Profeta. El primer califa de al-Andalus fue Abd al-Rahman III, que se proclamó Príncipe de los Creyentes en el año 316/929. El periodo califal duró hasta 422/1031.
Conventus	Asamblea que convocaba el gobernador de una provincia romana para que impartiera justicia. Más tarde, el nombre se extendió tanto a la ciudad como al distrito donde tenía lugar esa actividad.
Cora	Circunscripción territorial musulmana que a veces correspondía al territorio de los antiguos *conventus* romanos.
Cuerda seca	Técnica cerámica consistente en separar los esmaltes de distinto color mediante una línea pintada con un material oleaginoso.
Cúfico	Forma de escritura árabe angulosa y muy estilizada, y a menudo muy decorativa, que se usaba en los primeros Coranes e inscripciones fundacionales, supuestamente originaria de Kufa, en Irak.
Emir	Príncipe o caudillo árabe que gobernaba un territorio, bajo la autoridad del *califa*. En la Península Ibérica, el periodo emiral duró desde la llegada de los árabes en 92/711 hasta la proclamación del califato independiente de Córdoba en 316/929.
Engobe	Mezcla de tierra no vitrificable y agua, que se aplica sobre toda la pieza de alfarería o parte de ella, para cubrir su color y decorarla.
Fitna	(Lit., "desorden".) Término utilizado para designar una época de guerra civil; en el caso de al-Andalus, corres-

Glosario

	ponde al periodo que media entre los años 401/1010 y 403/1013.
Garb al-Andalus	Zona occidental de la Península Ibérica que corresponde, en términos generales, a las actuales regiones del centro y sur de Portugal.
Hisn	Castillo.
Iwan	Sala abovedada con muros por tres de sus lados.
Madrasa	Escuela de ciencias islámicas (teología, derecho, Corán, etc.) y lugar de alojamiento para estudiantes.
Manuelino	Estilo arquitectónico que se desarrolló en Portugal durante el reinado de D. Manuel (finales del siglo XV y principios del XVI), caracterizado por incorporar a la decoración motivos marítimos.
Marwaní (Banu Marwan)	Dinastía que, sobre todo en la segunda mitad del siglo III/IX, tuvo un papel preponderante en el Garb al-Andalus.
Medina	Ciudad. En el norte de África, parte antigua de una aglomeración, por oposición a la extensión europea de las ciudades.
Mihrab	Nicho situado en el muro de la *qibla* que indica la dirección de La Meca hacia donde los orantes deben dirigir sus rezos.
Mimbar	Púlpito de una mezquita desde donde el imam dirige el sermón (*jutba*) a los fieles.
Morisco	En los reinos cristianos peninsulares, musulmán convertido al cristianismo después de la Reconquista.
Mozárabe	Individuo de las minorías cristianas que, consentidas por el derecho islámico como tributarias, vivieron en al-Andalus, conservando su religión e incluso su organización eclesiástica y judicial.
Mudéjar	Musulmán a quien se permitía seguir viviendo entre los vencedores cristianos, sin mudar de religión, a cambio de un tributo. El adjetivo *mudéjar* designa también las artes que representan tradiciones artesanales iniciadas bajo el dominio islámico y continuadas para clientes cristianos tras la conquista cristiana de una zona.
Muladí	Cristiano que, durante la dominación de los árabes en al-Andalus, abrazaba el Islam y vivía entre los musulmanes. En Garb al-Andalus, viejas familias autóctonas que se volvieron musulmanas desempeñaron un papel de especial importancia económica y política.

Qibla	Dirección de la Ka'ba (lit. "cubo"), hacia donde se orientan los creyentes para la oración. Muro de la mezquita en el cual se sitúa el *mihrab* que señala esta dirección.
Ribat	Fortaleza construida en las zonas fronterizas, desde donde los guerreros musulmanes que la habitaban partían para la guerra santa.
Taifa	Cada uno de los reinos en que se dividió al-Andalus al disolverse el califato cordobés.
Tapial	Pared hecha con tierra apisonada entre dos tableros paralelos. En las construcciones militares, esta técnica se perfeccionaba introduciendo en el encofrado argamasa de cal.
Turbet	Lugar funerario privado. Práctica arquitectónica introducida por los turcos en Túnez.
Verde y manganeso	Técnica decorativa de vidriado en cerámica, en que los únicos colores son el óxido de cobre verde y el casi negro del manganeso. Toda la composición se recubre al final con una capa transparente de plomo.
Villa	(Pl. *villae*.) Gran propiedad rural del periodo romano.
Yihad	Guerra santa llevada a cabo para defender los territorios del Islam. Esfuerzo de perfeccionamiento moral y religioso. Puede conducir al combate "en la senda de Dios" contra disidentes o paganos. *Iytihad* (de la misma raíz que *yihad*) es el esfuerzo de interpretación personal de la ley musulmana.
Zawiya	Establecimiento religioso dedicado a la enseñanza, bajo la autoridad de una cofradía.
Zelish	Pequeños azulejos de cerámica esmaltada, que se utilizan en la decoración de monumentos o en interiores.

ACONTECIMIENTOS HISTÓRICOS

92/711	Tariq da comienzo a algunas operaciones militares en la Península.
95/714-97/716	Islamización del occidente peninsular.
99/718	Revuelta de Don Pelayo en Asturias.
113/732	Batalla de Poitiers.
137/755	Abd al-Rahman se refugia en al-Andalus después de la masacre de los omeyas.
138/756-139/757	Comienzo del emirato omeya de Córdoba (Abd al-Rahman I).
145/763-157/774	Revuelta de la tribu Yahsubi. La rebelión tuvo Beja como punto de origen y después se extendió a todo al-Garb.
148/765-766	Avance asturiano en el Miño.
161/778	Batalla de Roncesvalles y cerco de Zaragoza por Carlomagno.
181/798	Alfonso II de Asturias avanza hasta Lisboa.
183/800	Carlomagno, emperador de Occidente.
219-20/835	Construcción del Conventual de Mérida.
224/839	Intercambio de embajadas entre Córdoba y Bizancio.
	Alfonso II realiza expediciones en la región de Viseu.
228/843-229/844	Ataque normando a al-Andalus (Lisboa, Beja, Algarve, Sevilla).
254/868	Comienzo de la revuelta *muladí* contra el poder omeya. Su líder, Ibn Marwan al-Yilliqi funda un principado independiente en Badajoz.
	Reconquista de Oporto. Repoblación de la zona entre el Miño y el Duero por el conde Vímara Peres.
264/878	Fundación del Monasterio de Lorvão.
276/889-90	Muerte de Ibn Marwan al-Yilliqi.
299/912-300/913	Abd al-Rahman III sube al poder.
	Ordoño II toma Évora. Construcción de la iglesia de Lourosa da Serra.
301/914	Reconstrucción de las murallas de Évora.
	León se convierte en capital del reino de Asturias.
316/929	Abd al-Rahman III se proclama *califa*. Unificación del territorio.
324/936	Empieza la construcción de la ciudad palatina de Madinat al-Zahra' (Medina Azahara).
330/942-332/943	Guerra entre León y Castilla.
343/955	Muerte del historiador Ahmad al-Razi.
	Saqueo de Lisboa por Ordoño II.
355/966	Ataque normando a al-Garb.
	Muerte de San Rosendo.
386/997	Ataque de al-Mansur a Santiago de Compostela.
399/1009-401/1010	Revuelta en Córdoba. Saqueo de Madinat al-Zahra'.
403/1013	Nacen los reinos de *taifa*.
412/1022-413/1023	Badajoz, capital de la dinastía beréber de los *aftasíes*.
	Comienzo del gobierno abadí en Sevilla.

416/1026	Comienzo del dominio de los Banu Harun en Faro. Actividad del filósofo Ibn Hazm.
419/1029-421/1030	Revuelta gallega contra Bermudo III.
422/1031	Fin del califato omeya de al-Andalus. Muerte del poeta de Cacela Ibn Darrash al-Qastalli.
425/1034	Reconquista de Montemor-o-Velho por Gonzalo Trastemires da Maia.
430/1039-435/1044	Los abbasíes toman Lisboa y Mértola.
440/1049	Última *taifa* de al-Garb, en Silves.
441/1050-443/1052	Nace en Silves el poeta, gramático, jurista y filósofo Ibn al-Sid. Construcción del alminar de la mezquita de Moura.
445/1054	Los abadíes conquistan Silves.
447/1056-448/1057	Campaña de Fernando I de Castilla contra Badajoz. Conquistas de Lamego y Viseu.
454/1063-456/1064	Muerte de Ibn Hazm, poeta y filósofo. El papa Alejandro II predica la primera cruzada en la Península Ibérica. Conquista de Coimbra.
462/1070	Comienzo de la expansión almorávide por la Península Ibérica. D. Pedro es elegido Obispo de Braga.
465/1073-471/1079	Muerte del historiador Ibn Hayyan. Monasterios cluniacenses en León.
472/1080-473/1081	Muerte de Abu al-Walid al-Bayi, poeta, jurista y teólogo de Beja. Concilio de Burgos (adopción del rito romano).
475/1083	Muere Ibn Ammar, poeta de Silves. Alfonso VI conquista Toledo, que pasa a ser gobernada por Sisnando.
478/1086-479/1087	Victoria de los almorávides sobre Alfonso VI en Zalaqa. Esponsales de Raimundo y Urraca, hija de Alfonso VI.
482/1090-484/1092	El almorávide Yusuf Ibn Tachfin cerca Toledo. Muerte de Sisnando.
485/1093-488/1095	Fin de la *taifa* de Badajoz a manos de los almorávides, que reconquistan también Lisboa. Gobierno de Raimundo entre el Miño y el Mondego. Muerte de al-Mu'tamid, rey y poeta.
489/1096	Boda de D.ª Teresa y el conde D. Henrique de Borgoña. Constitución del Condado Portucalense. Henrique gobierna las tierras al sur del Miño.
500/1107	Muerte del poeta de Silves Ibn al-Milh. Victoria almorávide de Uclés. Muerte de Raimundo.
504/1111	Dominio almorávide de Badajoz, Évora, Lisboa, Santarém. Ataque a Oporto. Fuero de Coimbra.

505/1112	Muerte del conde D. Henrique.
510/1117	D.ª Teresa se proclama "reina".
514/1121-516/1123	Comienzo del movimiento almohade en Marruecos. Muere en Santarém el poeta Ibn Sara.
	D. Afonso Henriques se arma caballero.
520/1127-522/1128	Muere Ibn al-Sid, poeta y filósofo natural de Silves.
	Victoria de D. Afonso Henriques en São Mamede.
531/1137-533/1139	Muerte de Avempace, de Beja.
	Tratado de Tuy. Batalla de Ourique.
537/1143-539/1145	Muere Ali Ibn Yusuf. Segundas *taifas* en al-Garb. Revueltas de Ibn Qasi (Mértola), Ibn Wazir (Évora) e Ibn Mundir (Silves).
	D. Afonso Henriques es reconocido rey en la conferencia de Zamora.
541/1147	Conquista almohade de Marrakech y Sevilla. Muere el poeta de Santarém Ibn Basam.
	D. Afonso Henriques conquista Santarém y Lisboa.
542/1148-545/1151	Obras en la muralla de Évora.
545/1151	Acuerdo entre D. Afonso Henriques e Ibn Qasi. La población de Silves asesina a Ibn Qasi.
	Tentativa fallida de conquistar Alcácer do Sal.
547/1153-548/1154	Fin de la obra del geógrafo al-Idrisi.
	Fundación de la abadía de Alcobaça.
550/1156	Reunificación almohade de los territorios del sur.
553/1159-555/1160	Comienzo de la construcción de la catedral de Lisboa y del castillo de los templarios en Tomar.
558/1163	Abu Ya'qub Yusuf en el poder.
560/1165	Nace el místico Ibn Arabi.
	Conquista de Évora y otras poblaciones por Geraldo Sin Miedo.
564/1169	D. Afonso Henriques es hecho prisionero en Badajoz.
565/1170	Probable fecha de remodelación de la mezquita de Mértola.
	Concesión de fueros a los moros horros de Lisboa y otras poblaciones del sur.
567/1172-571/1176	Obras de la fase almohade de la mezquita de Sevilla.
	La Orden de Santiago se instala en Portugal. Tregua entre Portugal y el almohade Yusuf I.
574/1179	Una flota musulmana ataca Lisboa.
	El papa Alejandro III reconoce la independencia de Portugal.
579/1184-581/1186	Los almohades atacan al-Garb y recuperan la mayor parte de las regiones situadas al sur del Tajo. Muerte de Abu Ya'qub Yusuf después del ataque a Santarém.
	Muerte de D. Afonso Henriques, al que sucede D. Sancho I.
	La Orden de Santiago recibe en donación Almada, Palmela y Alcácer do Sal.

584/1189	Conquista cristiana de Silves y Alvor.
585/1190-586/1191	Ofensivas almohades sobre Silves, Torres Novas, Tomar, Almada, Alcácer, Palmela.
591/1195	Victoria almohade de Alarcos.
	Nace San Antonio de Lisboa.
592/1196-596/1199	Muerte de Ya'qub al-Mansur. Muerte del filósofo Averroes.
	Guerra entre D. Sancho I y Alfonso IX de León.
598/1202	Revuelta urbana en Oporto.
607/1211	Reina D. Afonso II. Cortes de Coimbra.
608/1212	Fin del poder almohade en al-Andalus.
	Batalla de las Navas de Tolosa, con derrota musulmana.
613/1217	Toma definitiva de Alcácer.
619/1223-622/1226	Reina D. Sancho II. Conflictos entre la nobleza cortesana.
624/1227	Construcción de una torre en las murallas de Silves.
627/1230-631/1234	Ibn Hud es derrotado en Jerez y Mérida. Comienzo de la dinastía nazarí.
	Conquista de Mérida, Badajoz, Juromenha, Serpa, Moura, Beja y Aljustrel.
633/1236-634/1237	Muhammad Ibn Yusuf Ibn al-Ahmar hace de Granada la capital del emirato nazarí. Comienzan las obras de la Alhambra.
	Conquista de Córdoba.
635/1238-639/1242	Muere en Damasco Ibn Arabi.
	Conquista de Mértola, Cacela, Tavira, Alvor y Paderne.
645/1248	Fernando III toma Sevilla. D. Afonso III conquista Faro, episodio que marca el fin del Islam en Garb al-Andalus.

ORIENTACIÓN BIBLIOGRÁFICA

AL-IDRISI, *Description de l'Afrique et de l'Espagne*, ed. de R. Dozy y M. de Goeje, Amsterdam, 1969 (reimpresión de la edición de 1866). Versión española parcial de esta edición: *Geografía de España*, Valencia, 1974.

AL-IDRISI, *Descripción de España*, trad. de D. J. A. Conde, Madrid, 1980 (facsímil de la edición de 1799).

ALMEIDA, C. A. Ferreira de, "Arte islâmica em Portugal", en *História da Arte em Portugal*, vol. II, Lisboa, 1986.

ALVES, A., *O meu coração é árabe - a poesia árabe*, Lisboa, 1991.

ALVES, A., *Al-Mu'tamid - poeta do destino*, Lisboa, 1996.

ANACLETO, R., *Arquitectura Neo-Medieval Portuguesa*, 2 vols., Lisboa, 1997.

ARAÚJO, L., "Os muçulmanos no Ocidente peninsular", en *História de Portugal* (dirigida por J. H. Saraiva), vol. I, Lisboa, 1983, pp. 245-289.

BARCELÓ, C., y LABARTA, A., "Inscripciones árabes portuguesas: situación actual", en *Al-Qantara*, vol. VIII, Madrid, 1987, pp. 395-420.

BARROCA, M., "Do Castelo da Reconquista ao Castelo Românico (séculos IX a XII)", en *Portugália*, vol. XI-XII, 1990-1991, pp. 90-136.

BRITO, Frei Bernardo, *Crónica de Cister*, Lisboa, 1602.

"Carta a Osberno", en OLIVEIRA, J. A., *Conquista de Lisboa aos mouros*, Lisboa, Câmara Municipal de Lisboa, 1936.

CATARINO, H., "O Algarve Oriental durante a ocupação islâmica. Povoamento rural e recintos fortificados", en *Al'Ulya*, revista del Archivo Histórico Municipal de Loulé, 3 vols., 1997-1998.

CATARINO, H., "A ocupação islâmica", en *História de Portugal* (dirigida por J. Medina), vol. III, 1996, pp. 47-92.

COELHO, A. Borges (organización, prefacio y notas), *Portugal na Espanha Árabe*, vols. I a IV, Lisboa, 1972-1975.

COELHO, A. Borges, *Comunas ou concelhos*, Lisboa, 1996.

COELHO, A. Borges, "Lisboa visigótica e muçulmana", en *O tempo e os homens*, Lisboa, 1996, pp. 261-280.

«Crónica do Algarve» y «Tombos Velhos de Tavira», en *Portugaliae Monumenta Historica*, vol. I Scriptores, Lisboa, 1856.

DOMIGUES, J. D. Garcia, "O Gharb Extremo do Ândalus e 'Bortugal' nos historiadores e geógrafos árabes", separata del *Boletim da Sociedade de Geografia de Lisboa*, 1960, pp. 327-362.

DOMINGUES, J. D. Garcia, *Historia Luso-Árabe*, Lisboa, 1945.

EGRY, A. de, *O Apocalipse do Lorvão*, Lisboa, 1972.

GARCIA, J. C., *O espaço medieval da Reconquista no Sudoeste da Península Ibérica*, Lisboa, 1986.

GLICK, T. F., *Cristianos y musulmanes en la España medieval (711-1250)*, Madrid, 1991.

GOMES, R. Varela, "Arquitectura militar muçulmana", en *História das fortificações portuguesas no mundo* (dirigida por R. Moreira), Lisboa, 1989, pp. 27-37.

GOMES, R. Varela, y GOMES, M. Varela, "O poço-cisterna almóada de Silves", en *El agua en zonas áridas: arqueología e historia*, vol. II, Almería, 1989, pp. 577-605.

GUICHARD, P., *Structures sociales "orientales" et "occidentales" dans l'Espagne musulmane*, París-La Haya, 1977.

IBN HAYYAN de Córdoba [Abu Marwan Hayyan Ibn Jalaf Ibn Hayyan], *Crónica del califa Abdarrahman III al-Nasir entre los años 912 y 942 (al-Muqtabis V) [Muqtabis fi ajbar balad al-Andalus]*, trad., notas e índices por M. J. Viguera y F. Corriente, Zaragoza, 1981.

LÉVI-PROVENÇAL, É., *La péninsule ibérique au Moyen-Age d'après le "Kitab ar-rawd mi'tar" d'al-Himyari*, Leiden, 1938.

LÉVI-PROVENÇAL, É., "La description de l'Espagne d'Ahmad al-Razi", en *Al-Andalus*, vol. XVIII, 1953, pp. 51-108.

LOPES, D., "Cousas arábico-portuguesas", en *O Arqueólogo Português*, vol. I (pp. 273-279) y vol. II (pp. 204-210), Lisboa, 1986.

LOPES, D., "Os árabes nas obras de Alexandre Herculano", separata del *Boletim da Segunda Classe da Academia das Sciencias de Lisboa*, vols. III y IV, Lisboa, 1911.

LOPES, D., "O domínio árabe", en *História de Portugal* (dirigida por D. Peres), vol. I, Barcelos, 1928, pp. 91-431.

LOPES, D., *Nomes árabes de terras portuguesas* (colectánea organizada por J. P. Machado), Lisboa, 1968.

MACHADO, J. Saavedra, "Subsidios para a Historia do Museu Etnologico do Dr. Leite de Vasconcelos", en *O Arqueólogo Português*, vol. V, Lisboa, pp. 51-148.

MACIAS, S., *Mértola islâmica - estudo histórico-arqueológico do bairro da alcáçova (séculos XII-XIII)*, Mértola, 1996.

MACIAS, S., y TORRES, C. (coordinadores), *Portugal islâmico: Os últimos sinais do Mediterrâneo*, Lisboa, 1998.

MARQUES, A. H. de Oliveira, *A sociedade medieval portuguesa*, Lisboa, 1987.

MARQUES, A. H. de Oliveira, "O Portugal Islâmico", en *Nova História de Portugal* (dirigida por J. Serrão y A. H. de Oliveira Marques), vol. II, Lisboa, 1993, pp. 117-249.

Memórias Arabo-Islâmicas em Portugal, Lisboa, 1997.

NASCIMENTO, A. A., y BARROCA, M., *Nos confins da Idade Média* (catálogo), 1992, pp. 96-99.

NCIM, *Nos confins da Idade Média. Arte portuguesa dos séculos XII-XV*, Oporto, Lisboa, catálogo, 1992.

OLIVEIRA, J. A. de (traductor), *Conquista de Lisboa aos Mouros*, Lisboa, 1936.

PAVÓN MALDONADO, B., *Ciudades y fortalezas lusomusulmanas*, Madrid, 1993.

PICARD, C., *L'Océan Atlantique musulman - de la conquête arabe à l'époque almohade*, París, 1997.

PINA, Rui de, *Crónica d'El-Rei D. Duarte*, ed. A. Coelho de Magalhaes, Oporto, 1914.

REAL, M. L., "Inovação e resistência: dados recentes sobre a Arqueologia Cristã no Ocidente Peninsular", en *IV Reuniò d'Arqueologia Cristiana Hispànica*, Barcelona, 1995, pp. 17-68.

SOUSA, J. de, *Vestígios da língua arábica em Portugal*, Lisboa, 1789.

TORRES, C., *Cerâmica islâmica portuguesa*, Mértola, 1987.

TORRES, C., "O Gharb al-Ândalus", en *História de Portugal* (dirigida por J. Mattoso), vol. I, Lisboa, 1993, pp. 363-415.

TORRES, C., y MACIAS, S., "Arte Islâmica no Ocidente Andaluz", en *História da Arte Portuguesa* (dirigida por P. Pereira), Lisboa, 1995.

TORRES, C., y MACIAS, S., *O legado islâmico em Portugal*, Lisboa, 1998.

VALLVÉ, J., *La división territorial en la España musulmana*, Madrid, 1986.

WILLIAMS, J., *La miniatura española en la Alta Edad Media*, Madrid, 1987.

VITERBO, F. de Sousa, "Occorencias da vida mourisca", en *Arquivo Histórico Portuguez*, vol. V, Lisboa, 1907, pp. 81-93, 161-170 y 247-265.

YARZA LUACES, J., *Beato de Liébana. Manuscritos iluminados*, Barcelona, 1998.

AUTORES

Artur Goulart de Melo Borges
Licenciado en Arqueología en Roma (Italia). Estudios de posgrado en Historia del Arte y Museología. Técnico del Museo de Évora durante veinte años, cinco de ellos como director. Estudios de Lengua y Cultura Árabes en la Universidad de Évora. Ha publicado varios trabajos sobre epigrafía lapidaria árabe en Portugal.

Cláudio Torres
Licenciado en Historia del Arte. Asistente de la Facultad de Letras de Lisboa entre 1974 y 1986. Director del Campo Arqueológico de Mértola y de la revista *Arqueologia Medieval*. Director del Parque Natural del Valle del Guadiana. Presidente del Consejo de Administración de la Comisión Nacional Portuguesa de Monumentos y Sitios (ICOMOS). Vocal del Consejo Consultivo del Instituto Portugués del Patrimonio Arquitectónico (IPPAR). Vocal del Consejo Consultivo del Instituto Portugués de Arqueología (IPA). Galardonado con el premio Pessoa en 1991. Responsable de la organización del IV Congreso de Cerámica Medieval del Mediterráneo Occidental (Lisboa, 1987). Comisario científico de la exposición "Portugal Islámico. Los últimos signos del Mediterráneo" (Lisboa, 1998).
Es autor de numerosas publicaciones, entre ellas: *Cerâmica Islâmica portuguesa* (1987), *Museu de Mértola - núcleo lapidar* (en colaboración, 1992); "O Gharb al-Ândalus", en *História de Portugal*, dirigida por José Mattoso (1993), y junto con Santiago Macias, *O Islão entre Tejo e Odiana* (1998) y *O Legado Islâmico em Portugal* (1998). Colaboró, asimismo, en la *História da Arte Portuguesa*, dirigida por Paulo Pereira (1995).

Cristina Garcia
Licenciada en Ciencias Históricas por la Universidad Lusíada de Lisboa. Entre 1989 y 1999 trabajó en el Instituto de Conservación de la Naturaleza del Ministerio de Medio Ambiente. Autora del Plan General del Centro de Educación Ambiental de Peninha, en la Sierra de Sintra, dentro del programa ENVIREG (1992). Autora y coordinadora del Plan de Intervención de Cacela, en el Algarve, en el marco de los programas POA, ODIANA y FEDER (desde 1997). Actualmente trabaja en el Instituto Portugués de Patrimonio Arquitectónico.

Fernando Branco Correia
Profesor titular de Historia Medieval, dirige trabajos arqueológicos en lugares de asentamiento islámico. Es responsable del Gabinete de Estudios Árabes e Islámicos de la Universidad de Évora, donde imparte clases, así como de la creación en esta universidad de la primera licenciatura en Historia en la especialidad de Estudios Árabes de Portugal. Tiene en su haber estudios sobre al-Andalus y los mudéjares.

Isabel Cristina F. Fernandes
Arqueóloga. Ha participado en proyectos de investigación en arqueología romana y medieval, con particular atención al periodo islámico en la Península de Arrábida, campo en el que ha publicado varios estudios.

Maria Adelaide Miranda
Licenciada en Historia (1975), profesora titular (1984) y doctorada en Historia del Arte Medieval (1996) por la Facultad de Ciencias Sociales y Humanas de la Universidad de Lisboa. Es profesora auxiliar de la Facultad de Ciencias Sociales y Humanas de la Universidad Nueva de Lisboa. Ha participado en coloquios y conferencias con intervenciones sobre artes plásticas medievales.
Ha publicado artículos en revistas y libros, entre los que destacan: *A Arte da Alta Idade Média. A Arte Românica*, editado por la Universidad Abierta en 1995, y *A Iluminura de Santa Cruz no tempo de Santo António*, editado por INAPA en 1966. Fue comisaria de la exposición "A Iluminura em Portugal: Identidade e Influências" y coordinadora del correspondiente catálogo (Biblioteca Nacional de Lisboa, 1999). Ha participado en el catálogo de la exposición "A imagem do tempo. Livros Manuscritos Ocidentais" (Fundación Calouste Gulbenkian, 2000).

Maria João Vieira
Licenciada en Historia del Arte por la Facultad de Letras de Lisboa. Trabajó tres años en el Ministerio de Cultura de Cabo Verde y, desde 1992, es técnica del Ayuntamiento de Serpa en asuntos de patrimonio cultural.

Maria Regina Anacleto
Profesora asociada de la Facultad de Letras de la Universidad de Coimbra (Instituto de Historia Medieval). Actualmente su trabajo está centrado en la arquitectura neoclásica.
En sus investigaciones se ha ocupado principalmente de arquitectura neomedieval portuguesa (siglo XIX), y es autora de varias publicaciones sobre el tema.

Mário Pereira
Profesor numerario de enseñanza secundaria, comenzó su relación con Patrimonio en el entonces Instituto Portugués de Patrimonio Cultural. Durante algunos años fue colaborador del IPPAR. Coordinó la exposición temática del Pabellón del Conocimiento de los Mares de la Expo 98 y fue Presidente de la Comisión Instaladora del Pabellón del Conocimiento (de abril a diciembre de 1999). Es subdirector del Instituto Portugués de Conservación y Restauración, y docente invitado en el ISCTE.
Ha publicado varios estudios sobre patrimonio cultural.

Miguel Rego
Arqueólogo, responsable del Proyecto Arqueológico de Noudar (concejo de Barrancos) y socio fundador del Campo Arqueológico de Mértola.

Paula Noronha
Licenciada en Arquitectura Paisajística por el Instituto Superior de Agronomía de la Universidad Técnica de Lisboa en 1998. Su actividad se desarrolla principalmente en el Parque Natural de la Ría Formosa, área protegida considerada Zona Húmeda de Importancia Internacional, donde se ha especializado en la gestión del litoral y de zonas

húmedas, sobre todo en lo concerniente a instrumentos de gestión territorial. Como profesional, realiza proyectos de arreglos paisajísticos.

Ruben de Carvalho
Periodista profesional desde 1963. Ha producido varios espectáculos musicales. Fue comisario de la organización de "Lisboa 94 - Capital Europea de la Cultura" para las áreas de música popular, animación urbana y ediciones. Ha sido diputado del Parlamento de Portugal en la séptima legislatura (1995-1999).
Fue organizador del libro póstumo de José Carlos Ary dos Santos *As Palavras das Cantigas* y coordinó la publicación de *Un Século de Fado*. Es autor del libro *As Músicas do Fado*.

Santiago Macias
Licenciado en Historia por la Universidad de Lisboa (1985) y Doctor en Historia Medieval por la Universidad Nueva de Lisboa (1995). Actualmente es Jefe del Departamento Sociocultural del Ayuntamiento de Mértola e investigador del Campo Arqueológico de Mértola en las áreas de Historia y Arqueología Medievales. Coordina la revista *Arqueologia Medieval*. En estos momentos es responsable de la instalación del Museo Islámico de Mértola. Fue comisario científico de la exposición "Portugal Islámico. Los últimos signos del Mediterráneo" (Lisboa, 1998).
Colaboró en la *História de Portugal* dirigida por José Mattoso (1993) y en la *História da Arte Portuguesa* dirigida por Paulo Pereira (1995). Ha publicado *Mértola Islâmica* (1996) y, junto con Cláudio Torres, *O Islão entre Tejo e Odiana* (1998) y *O Legado Islâmico em Portugal* (1998).

Susana Gómez
Licenciada en Geografía e Historia y doctoranda en Historia Medieval por la Facultad de Geografía e Historia de la Universidad Complutense de Madrid. Entre 1985 y 1993 participó en varios trabajos de excavación arqueológica y tratamiento de restos arqueológicos. Desde 1993 es investigadora-arqueóloga del Campo Arqueológico de Mértola. Entre 1993 y 1997 impartió diversos cursos de Museografía, Historia del Arte y Arqueología.
Ha publicado, entre otros trabajos, "Cerámica decorada de Mértola - Portugal (siglos IX a XIII)", en *Actes du VIème Colloque sur la céramique médiévale en Mediterranée,* Aix-en-Provence (1987), "A cerámica do Gharb al-Ândalus", en *Portugal Islâmico. Os últimos sinais do Mediterâneo* (Lisboa, 1998).

Museum With No Frontiers (MWNF)
Itinerarios-Exposición y guías temáticas
EL ARTE ISLAMICO EN EL MEDITERRANEO

Las guías temáticas MWNF son elaboradas por expertos locales que nos presentan la historia, el arte y el patrimonio cultural desde la perspectiva del país tratado.

Egipto
EL ARTE MAMELUCO
Esplendor y magia de los sultanes 236 páginas
cuenta la historia de casi tres siglos de estabilidad política y económica, obtenida gracias a la exitosa defensa del territorio por los sultanes, ante las amenazas de mongoles y cruzados. El florecimiento intelectual, científico y artístico se manifiesta en la arquitectura y las artes decorativas mamelucas, de una elegante y vigorosa simplicidad casi moderna, que atestiguan la vitalidad de su comercio, su energía cultural, y su fuerza militar y religiosa.

España
EL ARTE MUDÉJAR
La estética islámica en el arte cristiano 318 páginas
descubre la riqueza fascinante de una simbiosis cultural y artística genuinamente hispánica, que se convirtió en un elemento distintivo de la España cristiana al finalizar la dominación árabe. Los mudéjares eran musulmanes a quienes se permitió permanecer en los territorios reconquistados, y los artistas y artesanos mudéjares tuvieron una gran influencia en la cultura y el arte de los nuevos reinos cristianos. Las iglesias, los monasterios y los palacios de ladrillo, bellamente decorados, en Aragón, Castilla, Extremadura y Andalucía, son un ejemplo sin igual de la creativa preservación de formas islámicas en el arte cristiano en España, entre los siglos XI y XVI.

Italia (Sicilia)
EL ARTE SÍCULO-NORMANDO
La cultura islámica en la Sicilia medieval 328 páginas
ilustra cómo el gran patrimonio artístico y cultural de los árabes, que gobernaron la isla en los siglos X y XI, fue asimilado y reinterpretado durante el posterior reinado normando, y alcanzó su apogeo en la era resplandeciente de Ruggero II, en el siglo XII. Los espectaculares paisajes costeros y de montaña proporcionan el telón de fondo para las visitas a las ciudades, los castillos, jardines, iglesias y antiguas mezquitas cristianizadas.

Jordania
LOS OMEYAS
Los inicios del arte islámico 224 páginas
presenta un recorrido por el gran florecimiento artístico y cultural que dio origen a la fase de formación del arte islámico durante los siglos VII y VIII. Los omeyas unificaron el Mediterráneo y las culturas persas, y desarrollaron una síntesis artística innovadora que incorporó e inmortalizó el legado clásico, bizantino y sasánida. La elegante arquitectura de los castillos del desierto así como los frescos, mosaicos y obras maestras del arte figurativo y decorativo aún evocan el fuerte sentido del realismo y la gran vitalidad cultural, artística y social de los centros del califato omeya.

Marruecos
EL MARRUECOS ANDALUSÍ
El descubrimiento de un arte de vivir 264 *páginas*
cuenta la historia de los intercambios entre la frontera más alejada del Magreb y al-Andalus, durante más de cinco siglos. Las circunstancias políticas y sociales condujeron a una encrucijada de culturas, técnicas y estilos artísticos, evidenciada por el esplendor de las mezquitas, los minaretes y las madrasas idrisíes, almorávides, almohades y meriníes. La influencia de la arquitectura cordobesa y los modelos decorativos, los arcos de herradura, los motivos florales y geométricos andalusíes, así como el empleo del estuco, la madera y las tejas policromadas, muestran el intercambio continuo que hizo de Marruecos uno de los ámbitos más brillantes de la civilización islámica.

Territorios Palestinos
PEREGRINACIÓN, CIENCIAS Y SUFISMO
El arte islámico en Cisjordania y Gaza 254 *páginas*
explora un período durante los reinados de las dinastías ayyubíes, mamelucas y otomanas, en el cual llegaban a Palestina numerosos peregrinos y eruditos de todo el mundo musulmán. Las grandes dinastías encargaban obras maestras del arte y la arquitectura para los centros religiosos más importantes. Por atraer a los sabios más destacados, muchos centros gozaban de un prestigio considerable y promovían la difusión de un arte peculiar que sigue fascinando. Los monumentos y la arquitectura islámica de este Itinerario-Exposición reflejan claramente las conexiones entre el mecenazgo dinástico, la actividad intelectual y la rica expresión de la devoción popular, arraigada en esta tierra durante siglos.

Portugal
POR TIERRAS DE LA MORA ENCANTADA
El arte islámico en Portugal 200 *páginas*
descubre los cinco siglos de civilización islámica que dejaron su impronta en la población del antiguo Garb al-Andalus. Desde Coimbra hasta los más lejanos confines del Algarbe, los palacios, mezquitas cristianizadas, fortificaciones y centros urbanos atestiguan el esplendor de un pasado glorioso. Este recuerdo artístico es la expresión de una delicada simbiosis, que ha determinado las particularidades de la arquitectura vernácula y sigue omnipresente en la identidad cultural de Portugal.

Túnez
IFRIQIYA
Trece siglos de arte y arquitectura en Túnez 312 *páginas*
es un viaje a través de la historia de la arquitectura islámica del Magreb, para descubrir una civilización milenaria que convirtió en obras de arte sus espacios más importantes. Las grandes dinastías islámicas –abbasíes, aglabíes, fatimíes, ziríes, almohades, hafsíes, otomanos–, así como las escuelas y los movimientos religiosos islámicos dejaron la impronta de su expresión artística a lo largo de los siglos. El arte islámico de Túnez es una encrucijada de culturas y ha sido ampliamente influenciado por las costumbres artísticas locales, por los elementos arquitectónicos y decorativos andalusíes y orientales, por tradiciones árabes, romanas y beréberes, y por la diversidad del paisaje natural.

El arte islámico en el Mediterráneo

Turquía
LOS INICIOS DEL ARTE OTOMANO
La herencia de los emiratos   *252 páginas*
presenta las expresiones artísticas y arquitectónicas del oeste de Anatolia y el surgimiento de la dinastía otomana en los siglos XIV y XV. Los emiratos turcos desarrollaron una nueva síntesis estilística de las tradiciones centro-asiática y selyúcida con el legado de las civilizaciones griega, romana y bizantina. Los esquemas arquitectónicos de las mezquitas, los hammam, hospitales, madrasas, mausoleos y grandes complejos religiosos, las columnas y cúpulas, la decoración floral y caligráfica, la cerámica y la iluminación atestiguan la riqueza de estilos. El florecimiento cultural y artístico que acompañó al surgimiento del Imperio Otomano estuvo profundamente marcado por la herencia de los Emiratos.

Solo disponible en inglés:

Siria
THE AYYUBID ART
Art and Architecture in Medieval Syria   *288 páginas*
was conceived not long before the war started. All texts refer to the pre-war situation and are our expression of hope that Syria, a land that witnessed the evolution of civilisation since the beginnings of human history, may soon become a place of peace and the driving force behind a new and peaceful beginning for the entire region.

Bilad al-Sham testifies to a thorough and strategic programme of urban reconstruction and reunification during the 12th and 13th centuries. Amidst a period of fragmentation, visionary leadership came with the Atabeg Nur al-Din Zangi. He revived Syria's cities as safe havens to restore order. His most agile Kurdish general, Salah al-Din (Saladin), assumed power after he died and unified Egypt and Sham into one force capable of re-conquering Jerusalem from the Crusaders. The Ayyubid Empire flourished and continued the policy of patronage. Though short-lived, this era held long-lasting resonance for the region. Its recognisable architectural aesthetic – austere, yet robust and perfected – survived until modern times.

www.ingramcontent.com/pod-product-compliance
Lightning Source LLC
Chambersburg PA
CBHW051126160426
43195CB00014B/2360